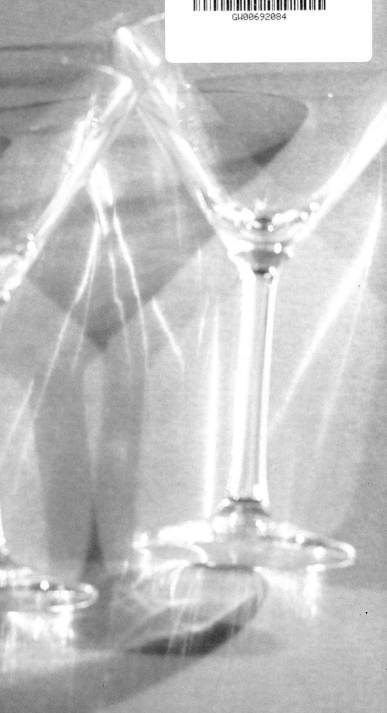

—

El libro del martini

EL LIBRO DEL MARTINI

DEL

EL PRIMERO,
EL ÚLTIMO,
EL ÚNICO,
EL VERDADERO
CÓCTEL

SALLY ANN BERK
FOTOGRAFÍAS DE
ZEVA OELBAUM

KÖNEMANN

Publicado por:
Black Dog & Leventhal Publishers, Inc.
151 West 19th Street
Nueva York, NY 10011

Título original: The Martini Book

© 1998 de la edición española
Könemann Verlagsgesellschaft mbH,
Bonner Str. 126, 50968 Köln, Alemania

Traducción del inglés: Gemma Deza Guil
para LocTeam, S.L., Barcelona
Redacción y maquetación: LocTeam, S.L., Barcelona
Montaje: Reproservice Werner Pees
Director de producción: Detlev Schaper
Impresión y encuadernación: Kossuth Printing House Co., Budapest

Impreso en Hungría

ISBN: 3-8290-0416-8

Agradecimientos:

Mi agradecimiento a las siguientes personas,
cuya ayuda ha sido inestimable:
A Zeva Oelbaum, por sus bonitas y creativas fotografías;
a Joseph Teresa, por su extraordinario estilismo culinario
y a Karen Berman

Accesorios de las colecciones de:
Ann Kerman y Bill Boyer
Jonette Jakobson
Steve y Dotty Malinchoc
Peter Malinchoc
Betsy Reid

Dedicado a James, mi preparador de martinis favorito

Diseñado por Jonette Jakobson

ÍNDICE

"Sé que no voy a vivir siempre,

ni tampoco tú lo harás,

pero hasta que se me revoque el permiso

para estar aquí, en la Tierra,

prefiero apartarme de las devociones establecidas

y levantar mi vaso de martini para saludar

a las artes morales del placer."

Bob Shacochis
Novelista galardonado con diversos premios
y conocido hedonista

INTRODUCCIÓN

EL MARTINI

El martini es el cóctel americano por excelencia. Nacido y desarrollado en Estados Unidos, el martini ha logrado representar desde la más alta sofisticación a la más baja depravación, desde la máxima elegancia al más alocado desenfreno. Como es una bebida limpia, fría y que siempre da en el blanco, se la ha llegado a denominar "bala de plata".

Presidentes y estrellas de cine, periodistas y poetas, personajes de ficción y sus creadores, todos ellos han recurrido al martini en busca de inspiración, liberación, amor y humor. Ningún otro cóctel posee una leyenda tan compleja, ni ningún otro cóctel ha despertado la pasión que demuestran los puristas cuando mezclan su martini o explican su exclusiva manera de prepararlo.

El origen del martini ha sido tema de muchos debates. Fue descubierto aproximadamente a finales del siglo XIX, pero las versiones sobre su origen difieren bastante.

Una de las teorías sitúa el nacimiento del martini en el área de la Bahía de San Francisco, después de la Fiebre del Oro. Otra lo sitúa en Martínez, California, de donde derivaría su nombre. Una tercera teoría atribuye la creación a un barman de la Hoffman House de Nueva York, que trabajó allí alrededor de 1880. Una cuarta versión atribuye el martini a un inmigrante italiano llamado Martini di Arma di Taggia, que fue camarero del bar del Hotel Knickerbocker de Nueva York durante los primeros años del siglo XX. Y una última teoría sostiene que el martini se inventó en los Países Bajos.

Del martini existen muchos indicios sobre su origen americano. Los neoyorquinos suelen defender la teoría de la Hoffman House, mientras que los habitantes de la Costa Oeste prefieren creer en la teoría de San Francisco.

Pero, ¿cómo y por qué esta bebida a base de ginebra se convirtió en un icono cultural? ¿Por qué no lo hizo el Rob Roy? ¿O el Rusty Nail? ¿O el Manhattan?

Todas estas bebidas descansan en el panteón de los cócteles clásicos, pero el martini cautivó el paladar y el gusto de todos desde su nacimiento, y, excepto durante un periodo de los años setenta, siempre ha sido el cóctel por antonomasia.

Quizás sea en su simplicidad donde radica su poder de resistencia. Quizás en la talla icónica de la copa martini. Quizás se deba al hecho de que solamente se requieren dos ingredientes esenciales, ginebra fría y vermut, para preparar un cóctel sublime. La preparación de un martini constituye casi un proceso alquímico: a partir de dos elementos básicos, se puede obtener oro o el cóctel equivalente.

Sean cuales sean los motivos, el martini no tiene ninguna intención de ceder su destacado puesto. Muchos de nosotros recibiremos el próximo milenio brindando con cava, mientras otros entraremos en la nueva era con nuestras balas de plata.

INGREDIENTES

La ginebra o el vodka, el vermut y las aceitunas es todo lo que se necesita para preparar el martini clásico, pero antes de entretenernos en otras florituras, veamos las bases de este edificio fundamental.

La ginebra procede de los Países Bajos, donde se denominó genièvre, que significa "enebro". Se trata de un aguardiente claro, destilado del grano y aromatizado con bayas de enebro. La mitología popular sostiene que un químico del siglo XVII la inventó para limpiar la sangre.

La popularidad de la ginebra se extendió por toda Europa y llegó hasta las colonias. El escritor Dickens habló en sus libros de las tiendas de ginebra y Hogarth se dedicó a pintarlas. En sus expediciones al Nuevo Mundo, Henry Hudson llevó la ginebra a América. Como no necesitaba de ningún proceso de añejamiento era muy fácil de elaborar y se podía destilar en cualquier sitio, razón de su popularidad durante la época de la prohibición.

Actualmente, existen tres tipos de ginebra en el mercado: la Genever que es la fórmula original holandesa, una ginebra aromática, que no suele utilizarse para preparar martinis; la Old Tom, ginebra no muy seca que se elabora añadiendo malta cebada o edulcorante a la ginebra seca. Este tipo de ginebra ya no se vende, pero su pariente, la Pimm's Cup, todavía se sirve como cóctel. Se cree que el martini original, el Cóctel Martínez, se preparó con ginebra Old Tom.

La más conocida es la London Dry, que se sirve en los bares y se encuentra en los comercios de todo el mundo. Todos los aguardientes se destilan una vez, pero el arte de hacer ginebra se demuestra en la segunda destilación. El buen fabricante crea una ginebra excelente redestilando el aguardiente. En la segunda fase se añaden aromatizantes, como pieles de limón, hierbas o especias, sin los cuales, el martini no existiría.

Si bien uno puede usar prácticamente cualquier vodka para hacer un buen martini de vodka, la calidad, el sabor y la suavidad de las diferentes ginebras pueden dar lugar a una bebida exquisita o a un brebaje detestable. La calidad de la ginebra está en relación con su precio, así que es mejor no comprar la oferta de la semana. Bombay, Bombay Sapphire y Beefeater's son marcas que conviene tener en cuenta. Como la ginebra es fácil de fabricar, algunas son de tan pésima calidad que incluso podrían venderse como diluyentes para pintura. Como sin ginebra no hay martini, no tiene sentido escatimar.

El otro ingrediente clave es el vermut: aunque en un martini seco sólo se añaden unas gotas, es necesario tenerlo a mano. El vermut es un vino fortalecido, que ha sido aromatizado con hierbas y especias. La palabra "vermut" procede del término alemán *wermut*, que significa "ajenjo". Antes de que se descubriese que el ajenjo era venenoso, éste se utilizaba para preparar vermuts (y su célebre pariente, la absenta). El martini se prepara con vermut blanco seco, o vermut francés, una bebida que también puede servirse a modo de cóctel. Éste no debe

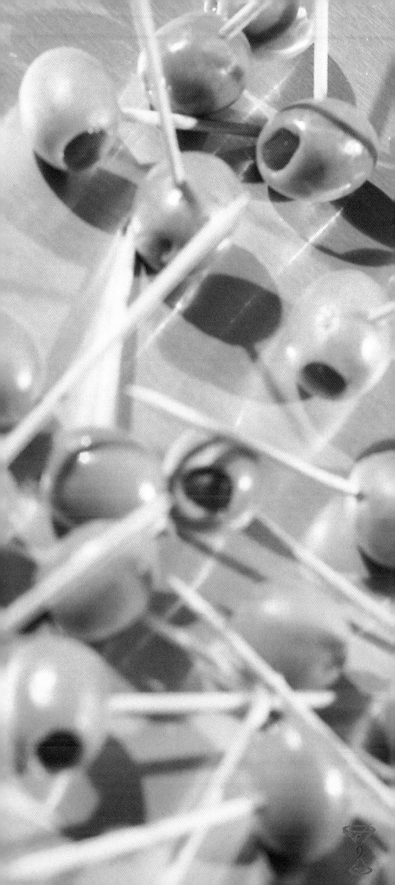

confundirse con el bianco, versión italiana, que también es un vino, pero mucho más dulzón. El vermut dulce, o rosso, es rojizo y se utiliza en los Manhattan. Las primeras recetas de martinis también se preparaban con vermut dulce.

Muchos puristas consideran el martini de vodka como una vulgarización de una bebida elegante, otros lo consideran una variedad legítima y creen que tiene lugar en el panteón del martini. A pesar de que el martini de vodka no se hizo popular hasta los años sesenta, ha de considerarse el vodka como un ingrediente esencial de la nueva generación de esta bebida.

Vodka es un término ruso que significa "agua clara". Es una bebida originaria de Rusia, pero se produce en todo el mundo. Comenzó a prepararse mediante la destilación de

patatas, pero puede elaborarse a partir de cualquier grano. Es una bebida neutra, lo cual significa que por ley no ha de tener sabor; tampoco requiere añejamiento.

Mucha gente afirma que el vodka más caro es más suave o sabe mejor que el barato. Sin embargo, el vodka no debería saber a nada, si no se trata de un vodka aromatizado. El único modo de resolver este problema es comprar una botella de vodka barato y otra de vodka de primera categoría y enfriarlos hasta que estén helados; beber un trago de uno, luego del otro y comprobar que no existe ninguna diferencia. Es imposible notarlo. Habrá quienes digan que sí se puede distinguir: que el Ketel One es mejor que el Stoli y que el Absolut es el mejor de todos. Pero, al final, es usted el que tiene la última palabra.

Desde la desintegración de la Unión Soviética, tenemos acceso a vodkas procedentes de Georgia, Kazajstán, Ucrania y otras repúblicas rusas. También llega vodka de países escandinavos, de otros países europeos y de Japón. Una buena tienda de licores tendrá vodka australiano. El vodka Absolut tiene prestigio debido a su campaña publicitaria y el Stolichnaya está ampliando sus ofertas; ahora vende vodkas aromatizados con cualquier cosa, desde melocotón a pimientos o café. La cultura del vodka es cada vez más complicada. Hemos recorrido un largo camino desde que James Bond bebía su Smirnoff.

El adorno por excelencia de un martini es la aceituna. Las aceitunas son un fruto amargo originario del Mediterráneo, que pasan por un proceso de curación hasta poder ser comestibles. Primero, las aceitunas se sumergen en una solución alcalina, luego se fermentan en escabeche o sal para reducir su amargura y reblandecer su carne. Después de la curación, algunas se marinan en mezclas de vinagres o de hierbas para darles su toque característico. Su color varía del verde pálido al negro azabache, pasando por un color marrón rosado, según cuando sean recolectadas. Existen de tamaños y formas diferentes. Los olivos ancestrales que crecen en los suelos rocosos de Italia, España, Grecia e Israel todavía dan frutos, pero la producción de aceitunas también es un gran negocio en California.

La aceituna más popular para aderezar un martini es la española, una aceituna verde y pequeña, a veces rellena de pimiento. (La que se usa con menos frecuencia es la negra, que sólo se emplea para preparar el Buckeye Martini.)

Existe una variedad de aceitunas que pueden adquirirse en las tiendas especializadas e incluso en los supermercados. Para entender de aceitunas y deducir cuáles son las preferidas, lo mejor es probarlas todas. Puede inventar sus propias variaciones de martini, combinándolo con diferentes aceitunas. A algunos aficionados al martini seco les gusta sustituir el escabeche por vermut sumergiendo la aceituna en un frasco con vermut. De esta forma, la aceituna se convierte en el aderezo perfecto para los martinis y hace innecesario añadir vermut a la bebida.

CÓMO MONTAR SU BAR MARTINI

Montar su bar martini doméstico resulta muy fácil. Le harán falta los ingredientes mencionados en el capítulo anterior, así como algún otro utensilio. Este libro contiene recetas que van mucho más allá del clásico martini, pero, si lo que quiere es experimentar con todas las combinaciones que se incluyen y crear algunas propias, necesitará algo más que vodka o ginebra, vermut y aceitunas.

Lo primero que necesita son, al menos, ocho copas de martini o de cóctel. Las copas de forma triangular son el símbolo de esta bebida. Pueden encontrarse en tiendas de accesorios para la casa o en cualquier cristalería. Cuanto más fino sea el cristal más agradable será saborear el martini. ¡No utilice nunca plástico! También debería tener unos cuantos vasos grandes a mano para aquellos que deseen un martini con hielo.

Necesitará una buena coctelera de acero inoxidable, que utilizará para enfriar la bebida de forma rápida y uniforme. Para aquellos que prefieran el martini removido, pero no agitado, será imprescindible que dispongan de un buen vaso mezclador y de una cuchara larga de bar. Existen diversos diseños y medidas de cocteleras y vasos mezcladores y, si busca lo debido hallará modelos de estilos que van desde el Art Déco al estilo moderno o posmoderno. Si alguna vez se encuentra en el apuro de no disponer de una coctelera, utilice un bote para guardar pelotas de tenis.

Existen algunos accesorios para cocteleras que, aunque realmente son innecesarios, resultan divertidos. Los cuentagotas para verter el vermut aseguran la obtención del martini más seco. Hasta se pueden encontrar los denominados "medidores de vermut", utilizados supuestamente para medir el contenido de vermut en un martini.

Aún queda mucho por descubrir más allá de la ginebra y el vermut. En la actualidad, las mezclas modernas del martini se hacen con vodkas aromatizados. Todo se encuentra en las estanterías de las tiendas de licores, y si usted quiere montar su propio bar martini, debería procurar abastecerse con el máximo número de rarezas posible. Sin embargo, si no encuentra el vodka aromatizado que busca, siempre puede hacerse el suyo propio. Lo único que ha de hacer es escoger el aroma que desee y sumergirlo en una botella de vodka puro durante, al menos, una semana. Pasado dicho tiempo, pruébelo y, si considera que aún necesita un poco más de sabor, vuelva a sumergirlo durante unos días más. Cuando el vodka esté aromatizado a su gusto, cuélelo y viértalo en una botella limpia.

Algunos destiladores también elaboran ginebra aromatizada, pero no es muy recomendable hacerlo, ya que la ginebra por sí sola ya tiene bastante sabor. Muchas de las recetas de este libro también incluyen el uso de ron y whisky, bebidas que deben encontrarse en cualquier bar casero o despacho que se precie. Recuerde que lo que cuenta es la calidad.

También debería tener una buena reserva de aceitunas a mano. Experimente con aceitunas rellenas. Una aceituna

rellena de almendra, de jalapeño o de queso azul puede cambiar por completo el carácter de un martini.

En la actualidad se ha ampliado la variedad de aderezos para martinis; no se limitan a las aceitunas, por lo tanto, en su bar también debería tener limones, limas, naranjas, e incluso cebolletas. Asimismo necesitará golosinas, ostras ahumadas y almejas, bayas del tiempo y verduras marinadas, como espárragos y tomates pequeños. Lea las recetas y averiguará lo que necesita. Escudriñe en las tiendas de exquisiteces para sibaritas. No existen límites en lo concerniente a aderezos.

Los utensilios para preparar un martini son bastante básicos: todo lo que necesita es un cuchillo afilado para mondar cítricos. Por otra parte, en los comercios especializados existen instrumentos que le ayudarán a ahorrarse trabajo. Los palillos son esenciales para presentar un cóctel bien adornado.

Dado que la temperatura de un martini (¡recuerde servirlo frío!) es tan importante como la ginebra, el vodka y el vermut, todas las bebidas deberían guardarse en el congelador. No hay por qué preocuparse, pues nunca se llegarán a congelar. Los demás aderezos también deberían mantenerse en el frigorífico. Un frigorífico/congelador situado debajo del mueble bar es un complemento ideal para este fin.

Por último, no olvide que la calidad del agua utilizada para hacer el hielo afecta en gran medida la calidad de un cóctel. Incluso cuando se tenga que agitar o colar una bebida, el hielo debe estar hecho de agua mineral o agua destilada. Tenga siempre mucha agua a mano para hacer hielo.

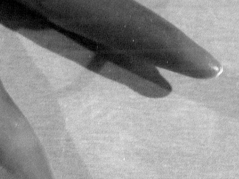

COCTELERAS

Disponer de una coctelera y unos utensilios decorativos, además de ser práctico, confiere estilo a cualquier bar martini. Desde el nacimiento del cóctel, los barmans profesionales y aficionados han utilizado cocteleras, no sólo para preparar bebidas, sino como objetos de decoración.

Las cocteleras siempre han reflejado las tendencias de diseño de la época en que se han utilizado. En muchos museos de diseño pueden encontrarse cocteleras fantásticas, como las cocteleras Art Déco de los años veinte y treinta. Así, estos accesorios, además de ser útiles, sirven como tema de conversación.

Durante la Gran Depresión de los años treinta, los utensilios de bar eran lujos asequibles en una época de carencias. Esos espléndidos utensilios no sólo hicieron de los bares un arte, sino que ayudaron a olvidarse de la cruda realidad de la época. Quizás uno no podía viajar a París, pero sí podía recrear la elegante atmósfera del Ritz con una coctelera y unos vasos adecuados, o podía rescatar la elegancia de una noche de etiqueta con una novedosa coctelera de pingüino.

Tras la Segunda Guerra Mundial y a principios de los años cincuenta, al adentrarnos en la era atómica, los utensilios para bares empezaron a adquirir formas de cohetes,

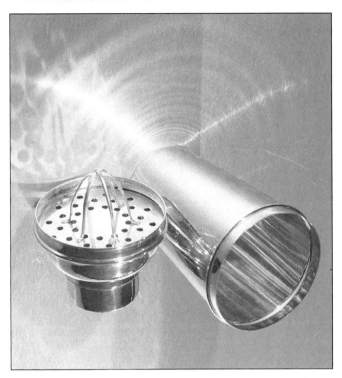

las cocteleras se decoraban con fotos de átomos y tenían forma de misil.

Las primeras cocteleras eran de cristal, chapadas en plata, de plata maciza, baquelita y cromo. El cristal resulta demasiado frágil para ser verdaderamente funcional, sin embargo, cualquier coctelera de metal vale. Desde los años sesenta, la mayoría de cocteleras se han fabricado con acero inoxidable, un material duradero, excelente para enfriar por completo el cóctel.

Las modernas cocteleras pueden adquirirse en comercios de menaje y en los grandes almacenes. Los juegos de utensilios para el bar de más alta categoría pueden encontrarse en sitios como Tiffany's y Gump's, pero si está interesado en montar su propio bar martini en casa o en el despacho, le recomendamos salir de caza por mercados de anticuarios, rastros y tiendas de segunda mano. A finales de los años setenta, casi todas las familias tenían su propio bar en casa y los comercios de compraventa de cosas de segunda mano están repletos de tesoros desechados. Busque cocteleras plateadas antiguas, de la era atómica, o incluso utensilios de Art Déco. Puede empezar una colección por muy poco dinero y, al mismo tiempo, tener algunas piezas de arte funcionales, que decoran a la vez que sirven para agitar los cócteles para sus amigos.

Martini,
La bebida de presidentes
y publicistas

Desde su invención, el martini ha sido
el cóctel preferido de presidentes y jefes de Estado.
Franklin Delano Roosevelt llevaba su propio juego
de martini a las cumbres internacionales, y
Gerald Ford consideraba el martini el ejemplo de la
vida civilizada. Escritores consagrados han elogiado
el martini, permitiéndose una copita (E. B. White) o
unas cuantas (William Faulkner) para armarse de valor
antes de enfrentarse a la página en blanco.

No obstante, el martini no ha sido territorio exclusivo
de hombres poderosos. También Dorothy Parker dis-
frutó de los martinis tal y como lo hicieron (y lo
hacen) muchas periodistas y escritoras. Con la nueva
puesta de moda de las comidas de tres platos acom-
pañadas de martini, pueden verse las manos perfec-
tamente cuidadas y los dedos adornados con metal de
publicistas de libros y editores de moda que alzan su
vaso de martini en el Four Seasons, exclusivo refugio de
las editoriales, mientras brindan por el nuevo milenio.

Bebedores famosos
de martini

Robert Benchley

Humphrey Bogart

Luis Buñuel

Herb Caen

Raymond Chandler

Winston Churchill

William Faulkner

F. Scott y Zelda Fitzgerald

Gerald Ford

Robert Frost

Jackie Gleason

Ernest Hemingway

John F. Kennedy

Dorothy Lewis (esposa de Sinclair Lewis)

H. L. Mencken

Dorothy Parker

Franklin Delano Roosevelt

E. B. White

Billy Wilder

P. G. Wodehouse

Alexander Woollcott

RECETAS

Absolute Martini

5 partes de vodka
1 parte de Triple Sec
2 partes de zumo de limón natural
1 golpe de bíter de naranja

Combinar todos los ingredientes en la coctelera con hielo picado y agitar bien. Colar en una copa de cóctel helada.

Allen Cocktail

4 partes de ginebra
1 parte de licor de marrasquino
1/2 cucharadita de zumo de limón natural
1 espiral de piel de limón

Combinar la ginebra, el licor de marrasquino y el zumo de limón en una coctelera con hielo picado, agitar bien. Colar en una copa de cóctel helada y adornar con la espiral de limón.

Allen
Cocktail

Ernest Hemingway fue corresponsal durante
la Segunda Guerra Mundial y cubrió
la liberación de París. También fue testigo
de la "liberación" del Ritz en la Place Vendôme.
Después de que los Aliados liberaran la ciudad,
Hemingway y un grupo de periodistas amigos
fueron al Ritz. El hotel no había sufrido daños,
pero estaba vacío, aparte del director,
quien les dio la bienvenida y los alojó en habitaciones.
Al preguntarles qué necesitaban,
Hemingway encargó cincuenta martinis.

Allies Cocktail

3 partes de ginebra
2 partes de vermut seco
1 cucharadita de Jägermeister

Combinar todos los ingredientes en una coctelera con hielo
picado y remover. Colar en una copa de cóctel helada.

Alternatini

6 partes de vodka
1/2 cucharadita de vermut dulce
1/2 cucharadita de vermut seco
1 cucharadita de crema de cacao blanca
cacao en polvo endulzado
1 dulce de Hershey's®

Cubrir el borde de una copa de cóctel helada con cacao en
polvo endulzado. Combinar el vodka, los vermuts y la crema
de cacao en una coctelera con hielo picado y agitar. Colar en
la copa de cóctel y adornar con el dulce de Hershey's®.

Aperitivo

6 partes de ginebra
3 partes de Sambuca blanca
3-5 golpes de bíter de naranja
1 espiral de piel de naranja

Combinar la ginebra, la Sambuca y el bíter de naranja en un vaso mezclador con cubitos de hielo y remover. Colar en una copa de cóctel helada y adornar con la piel de naranja.

Apple Pie Martini

6 partes de vodka aromatizado con vainilla
1 parte de Calvados
1 parte de vermut seco
1 rodaja de manzana

Combinar el vodka, el Calvados y el vermut en una coctelera con hielo picado y agitar bien. Colar en una copa de cóctel helada y adornar con una rodajita de manzana.

Armada Martini

6 partes de vodka
2 partes de jerez amontillado
1 espiral de piel de naranja

Combinar el vodka y el jerez en un vaso mezclador con hielo picado y remover. Colar en una copa de cóctel helada y adornar con la espiral de naranja.

Artillery Cocktail

6 partes de ginebra
2 partes de vermut dulce

Combinar los ingredientes en una coctelera con hielo picado y agitar bien. Colar en una copa de cóctel helada.

Babyface Martini

6 partes de vodka aromatizado con fresa
1 parte de vermut seco
1/2 cucharadita de licor de marrasquino
1 fresa, para adornar

Combinar el vodka, el vermut y el licor de marrasquino en una coctelera con hielo picado y agitar bien. Colar en una copa de cóctel helada y adornar con la fresa.

Barbed Wire

6 partes de vodka
1 cucharadita de vermut dulce
1/2 cucharadita de Pernod
1/2 cucharadita de Chambord
1 espiral de piel de limón

Combinar el vodka, el vermut, el Pernod y el Chambord en una coctelera con hielo picado y agitar bien. Colar en una copa de cóctel helada y adornar con la espiral de limón.

Barnum

6 partes de ginebra
1 parte de brandy de albaricoque
3-5 golpes de angostura
3-5 golpes de zumo de limón

Combinar todos los ingredientes en una coctelera con hielo picado y agitar bien. Colar en una copa de cóctel helada.

Beadlestone

6 partes de Scotch
3 partes de vermut seco

Combinar los ingredientes en un vaso mezclador con cubitos de hielo y remover bien. Colar en una copa de cóctel helada.

Bennett

6 partes de ginebra
1/2 cucharadita de azúcar
3-5 golpes de angostura

Combinar todos los ingredientes en una coctelera con hielo picado y agitar bien. Colar en una copa de cóctel helada.

Berrytini

6 partes de vodka de grosella
1 parte de aguardiente de frambuesa
frambuesas, para adornar

Combinar el vodka y el aguardiente en una coctelera con hielo picado y agitar bien. Colar en una copa de cóctel helada y adornar con las frambuesas.

Black &
White
Martini

6 partes de vodka de vainilla
2 partes de crema de cacao
caramelos de regaliz blancos y negros

Combinar el vodka y la crema de cacao en una coctelera con hielo picado y agitar. Colar en una copa de cóctel helada y adornar con los caramelos.

Black & White Martini

"DESPUÉS DEL CUARTO MARTINI,
MI MARIDO SE CONVIERTE
EN UNA HORRIBLE BESTIA.
DESPUÉS DEL QUINTO,
PIERDO EL CONOCIMIENTO."

ANÓNIMO

Black Dog

6 partes de ron blanco
1 parte de vermut seco
1 aceituna negra deshuesada

Combinar el ron y el vermut en un vaso
mezclador con hielo picado y remover
bien. Colar en una copa de cóctel helada
y adornar con la aceituna.

Bloodhound

Bloodhound

6 partes de ginebra
2 partes de vermut dulce
2 partes de vermut seco

3 fresas, sin rabo
fresas para adornar

Combinar todos los ingredientes en una licuadora hasta que estén bien mezclados. Verter en una copa de cóctel helada y adornar con las fresas.

Blue Moon Martini

6 partes de ginebra
1 parte de curasao azul
1 espiral de piel de limón

Combinar la ginebra y el curasao en un vaso mezclador con
cubitos de hielo y remover bien. Colar en una copa de cóctel
helada y adornar con la rodaja de limón.

Blue Moon
Martini

Blue-on-Blue Martini

6 partes de vodka   **1 golpe de angostura**
1 parte de curasao azul   **1 aceituna de cóctel**

Combinar los ingredientes líquidos en una coctelera con hielo
picado y agitar bien. Colar en una copa de cóctel helada y
adornar con la aceituna.

Boardwalk

6 partes de vodka
2 partes de vermut seco
1/2 cucharadita de licor
  de marrasquino
1 cucharadita de zumo de limón
1 espiral de piel de limón

Combinar los ingredientes líquidos
en una coctelera con hielo y agitar.
Colar en una copa helada y adornar
con la espiral.

Boomerang Martini

6 partes de ginebra
1 golpe de angostura
2 partes de vermut seco
1 golpe de licor de marrasquino
1 rodaja de kiwi

Remover los ingredientes líquidos
con cubitos de hielo en un vaso
mezclador. Colar en una copa de
cóctel helada y adornar con el kiwi.

Broadway Martini

6 partes de ginebra
1 parte de crema de menta
1 ramita de menta fresca

Combinar la ginebra y la crema de
menta blanca en una coctelera con
hielo picado y agitar bien. Colar en
una copa de cóctel helada y adornar
con una ramita de menta fresca.

Boomerang Martini

La obsesión por conseguir
el martini más seco aún continúa.
Una compañía vende pulverizadores
de vermut. Otra vende aceitunas
marinadas en vermut. El martini
más seco es la ginebra pura,
sin embargo, ha llegado a ser
devuelto al barman por
considerar que no era
suficientemente seco.

Bronx Terrace Cocktail

6 partes de ginebra
2 partes de zumo de lima natural
1 parte de vermut seco
1 cereza al marrasquino

Combinar la ginebra, el zumo y el vermut en una coctelera con hielo picado y agitar bien. Colar en una copa de cóctel helada y adornar con la cereza.

Brown Cocktail

4 partes de ginebra
2 partes de ron blanco
1 parte de vermut seco
1 naranjita china (kumquat)

Remover todos los ingredientes en un vaso mezclador con hielo picado. Colar en una copa de cóctel helada y adornar con la naranjita china.

Brown Cocktail

En los años cuarenta, John Lardner informó
que un equipo de fútbol de
los yanquis de Nueva York había contratado
a detectives privados para seguir a sus jugadores.
Apuntaba que "debió ser fácil seguirles la pista, pues,
dado que pertenecían a un equipo de alta categoría,
bebían martinis y dejaban un rastro de aceitunas".

Buckeye Martini

6 partes de ginebra
1 parte de vermut seco
1 aceituna negra

Combinar la ginebra y el vermut en una coctelera con hielo
picado y agitar bien. Colar en una copa de cóctel helada y
adornar con la aceituna.

Cabaret Martini

6 partes de ginebra
3 partes de Dubonnet tinto
3-5 golpes de angostura
3-5 golpes de Pernod
1 espiral de piel de lima

Combinar la ginebra, el Dubonnet, la angostura y el Pernod
en una coctelera con hielo picado y agitar bien. Colar en una
copa de cóctel helada y adornar con la espiral de lima.

California Martini

6 partes de vodka
1 parte de vino tinto
1 cucharada de ron negro
3-5 golpes de bíter de naranja
1 espiral de piel de naranja

Combinar el vodka, el vino, el ron y el bíter de naranja en
una coctelera con hielo picado y agitar bien. Colar en una
copa de cóctel helada y adornar con la espiral de naranja.

Cajun Martini

6 partes de vodka de pimienta
1 golpe de vermut seco
1 aceituna rellena de pimiento jalapeño en vinagre

Combinar el vodka y el vermut en un vaso mezclador con hielo picado y remover. Colar en una copa de cóctel helada y adornar con la aceituna.

Noche cálida en el pantano. Mientras los demás sorbían sus Sazeracs, Remy me preparó un Cajun Martini. Al morder aquella aceituna bañada en vermut y rellena de jalapeño, un escalofrío me recorrió la columna y se me desorbitaron los ojos. "¡Humm, cariño! ¡Esto sí que es un Martini!"

Campari Martini

6 partes de vodka
1 parte de Campari
1 espiral de piel de lima

Combinar el vodka
y el Campari en
una coctelera con
hielo picado y
agitar bien. Colar
en una copa de cóctel
helada y adornar
con la espiral
de piel de lima.

Había pasado dos meses en Italia,
recorriéndola en busca de frescos renacentistas
ocultos. Una noche, en Florencia, justo después
de anochecer, entró en un bar americano y pidió
un martini. El barman le guiñó el ojo y le dijo:
"Cara, déjame prepararte un martini a la italiana",
y le sirvió un Martini Campari.
Desde ese día, cuando quiere evocar la Toscana,
esté donde esté, todo lo que necesita hacer es
prepararse esta especialidad florentina.

Caribou Martini

4 partes de vodka aromatizado al café, helado
cava o vino espumoso seco
1 espiral de piel de limón
1 grano de café

Verter vodka helado en una copa de cóctel. Completar con cava y remover suavemente. Adornar con la espiral de limón y sumergir el grano de café.

Una historia real. Ambos eran entusiastas de la serie de televisión "Doctor en Alaska". Cuanto más la veían, más descubrían lo mucho que tenían en común: la pasión por la ciencia ficción, la apreciación del buen champaña y el café de calidad, el gusto por la ropa interior de encaje (él, para mirarla; ella, para llevarla) y, por supuesto, los martinis. Su primera cita fue una llamada a las siete de la tarde. Cuando finalmente se vieron en persona, se enamoraron. Celebraron su primer aniversario con la creación del Martini Caribou.

Chocolate Martini

6 partes de vodka
1 parte de licor de chocolate
viruta de chocolate

Combinar el vodka y el licor en un vaso mezclador con cubitos de hielo. Colar en una copa de cóctel helada y adornar con la viruta de chocolate.

Algunas familias tienen recetas de ponche que se han ido transmitiendo de generación en generación, otras comparten el gusto por un licor preferido. Pero, al llegar la Navidad, ninguna familia es más sofisticada que los Foster, quienes, desde la Prohibición, la han celebrado con su Christmas Martini particular.

Christmas Martini

6 partes de ginebra
1 parte de vermut seco
1 cucharadita de aguardiente de menta
1 caramelo pequeño

Combinar la ginebra, el vermut y el aguardiente en una coctelera con hielo picado y agitar bien. Colar en una copa de cóctel helada y adornar con el caramelo.

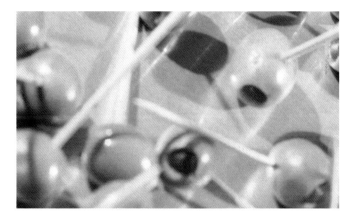

Christmas Tini

6 partes de vodka
1 cucharadita de aguardiente de menta
1 parte de vermut seco
1 caramelo pequeño

Combinar el vodka, el vermut y el aguardiente en una coctelera con hielo picado y agitar bien. Colar en una copa de cóctel helada y adornar con el caramelo.

Winston Churchill
era un aficionado a los martinis.
He aquí su propia receta.
No es muy distinta a la de los amantes
del martini extremadamente seco.
Algunos murmuran:
"esto es vermut",
otros,
como Churchill,
miran la botella.

Churchill's Martini

6 partes de ginebra
1 botella de vermut seco
1 aceituna de cóctel

Agitar ginebra en una coctelera con hielo picado. Colar en
una copa de cóctel helada y mirar la botella de vermut.
Adornar con la aceituna.

Church
Lady Martini

4 partes de ginebra
2 partes de vermut seco
2 partes de zumo de naranja natural
gajos de naranja, limón y lima

Combinar la ginebra, el vermut y el zumo de naranja en una
coctelera con hielo picado y agitar bien. Colar en una copa
de cóctel helada. Adornar con los gajos de fruta.

Church
Lady
Martini

Citrus Martini

8 partes de vodka aromatizado al limón
1 cucharadita de Grand Marnier
1 cucharadita de zumo de lima natural
1 espiral de piel de limón

Combinar el vodka, el Grand Marnier (en su defecto zumo de naranja) y el zumo de lima en una coctelera con hielo picado y agitar bien. Colar en una copa de cóctel helada y adornar con la espiral de limón.

Coffee Lover's Martini

6 partes de vodka aromatizado al café
1 parte de vermut seco
1 parte de Frangelico
granos de café

Combinar el vodka, el vermut y el Frangelico en una
coctelera con hielo picado y agitar bien. Colar en una
copa de cóctel helada y adornar con unos granos de café.

Olvídese del ponche caliente. Hay un martini para cada ocasión, incluso para cuando se tiene la gripe.

Cold Comfort Martini

4 partes de vodka de limón
4 partes de vodka de miel
1 espiral de piel de limón

Combinar los vodkas en una coctelera con hielo picado y agitar bien. Colar en una copa de cóctel helada y adornar con la espiral de limón.

Colony Club Martini

6 partes de ginebra
1 cucharadita de Pernod
3-5 golpes de bíter de naranja
1 espiral de piel de naranja

Combinar la ginebra, el Pernod y el bíter de naranja en una coctelera con hielo picado y agitar bien. Colar en una copa de cóctel helada y adornar con la espiral de naranja.

Comfortable Martini

6 partes de vodka de miel
1 parte de Southern Comfort
1 espiral de piel de limón

Combinar el vodka y el Southern Comfort en una coctelera con hielo picado y agitar bien. Colar en una copa de cóctel helada y adornar con la espiral de limón.

Crantini

6 partes de ginebra
1 parte de zumo de arándanos
1 espiral de piel de lima o limón

Verter ginebra en una copa helada. Añadir poco a poco el zumo de arándanos, sin azúcar, y adornar con la piel de lima o limón.

Crantini

"¿Tiene fuego?" Al levantar la mirada, vio a una hermosa mujer sosteniendo un Arturo Fuente apagado entre sus delicados dedos. "No debería fumar. Es malo para la salud", le dijo. "¿Y qué me dice de una copa?", dijo ella, tras lo cual hizo una pausa y guardó el puro en el bolso. Luego sonrió. "Mejor tomemos algo sano, amigo —para liberar mi cuerpo de este detestable, pero a la vez delicioso, humo de cigarro." "Por supuesto", dijo él.
Y le pidió un Crantini.

Crimson Martini

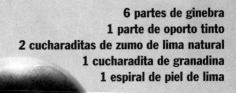

6 partes de ginebra
1 parte de oporto tinto
2 cucharaditas de zumo de lima natural
1 cucharadita de granadina
1 espiral de piel de lima

Combinar los ingredientes líquidos en una coctelera con hielo picado y agitar bien. Colar en una copa de cóctel helada y adornar con la espiral de lima.

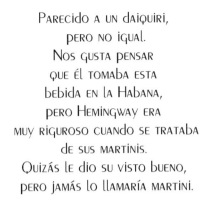

Parecido a un daiquiri,
pero no igual.
Nos gusta pensar
que él tomaba esta
bebida en la Habana,
pero Hemingway era
muy riguroso cuando se trataba
de sus martinis.
Quizás le dio su visto bueno,
pero jamás lo llamaría martini.

Cuban Martini

6 partes de ron blanco
1 parte de vermut seco
azúcar en grano
1 espiral de piel de lima

Escarchar una copa de cóctel helada
con azúcar. Combinar el ron y el
vermut en una coctelera con hielo
picado y agitar bien. Colar en una
copa de cóctel y adornar con la lima.

Danish Martini

6 partes de aquavit
1 parte de vermut seco
1 aceituna de cóctel

Combinar el aquavit y el vermut
en una coctelera con hielo picado y
agitar bien. Colar en una copa de
cóctel helada y adornar con
la aceituna.

Daydream Martini

6 partes de vodka de limón
1 parte de Triple Sec
2 partes de zumo de naranja
1/4 cucharadita de azúcar

Combinar todos los ingredientes en un vaso mezclador con hielo picado y remover bien. Colar en una copa de cóctel helada.

Deep Sea Martini

6 partes de ginebra
2 partes de vermut seco
1/2 cucharadita de Pernod
1 golpe de bíter de naranja

Combinar todos los ingredientes en un vaso mezclador con hielo picado y remover bien. Colar en una copa de cóctel helada.

Delicious Martini

6 partes de vodka al café
1 parte de Grand Marnier
1 espiral de piel de naranja

Combinar el vodka aromatizado al café y el Grand Marnier en una coctelera con hielo picado y agitar bien. Colar en una copa de cóctel helada y adornar con la naranja.

Desperate Martini

6 partes de ginebra
1 parte de vermut seco
1 parte de brandy de moras
moras, para adornar (opcional)

Combinar la ginebra, el vermut y el brandy de moras en una coctelera con hielo picado y agitar bien. Colar en una copa de cóctel helada y adornar con moras frescas.

Se dice que Jackie Gleason
pidió una vez un martini en el bar
de un hotel de moda de Miami Beach.
Cuando el camarero
le preguntó si quería limón en él,
Gleason exclamó:
"¡Maldita sea, cuando quiera una limonada,
la pediré!"

Dirty Martini

6 partes de ginebra
2 partes de vermut seco
1 parte de salmuera
aceitunas de cóctel

Combinar el vodka, el vermut y la salmuera en una coctelera con hielo picado y agitar bien. Colar en una copa de cóctel helada y adornar con una o dos aceitunas.

E. B. White
tenía una concepción más conservadora de su cóctel
favorito que la mayoría de los escritores.
"Antes de empezar a escribir,
siempre me concedo el placer
de servirme un agradable martini seco. Sólo uno,
para armarme de valor para empezar.
Después de eso estoy completamente solo."

58

Dirty Martini

Dirty Vodka Martini

6 partes de vodka
2 partes de vermut seco

1 parte de salmuera
aceitunas de cóctel

Combinar el vodka, el vermut y la salmuera en una coctelera con hielo picado y agitar bien. Colar en una copa de cóctel helada y adornar con una o dos aceitunas.

Double Fudge Martini

6 partes de vodka
1 parte de licor de café

1 parte de licor de chocolate
1 barquillo de chocolate

Combinar el vodka, el licor de chocolate y el licor de café en una vaso mezclador con hielo picado y remover. Colar en una copa helada y adornar con el barquillo de cóctel de chocolate.

East Wing

6 partes de vodka
1 parte de Campari

2 partes de aguardiente
1 espiral de piel de limón

Combinar el vodka, el Campari y el aguardiente de cereza en una coctelera con hielo picado y agitar bien. Colar en una copa de cóctel helada y adornar con la espiral de limón.

Eat My Martini

6 partes de vodka de miel
1 parte de jerez amontillado
1 aceituna rellena de almendra

Combinar el vodka y el jerez en una coctelera con hielo picado y agitar bien. Colar en una copa de cóctel helada y adornar con la aceituna.

Emerald
Martini

Durante esta última
década del milenio
el martini está
experimentando un
renacimiento, pero no
así la ginebra: dos de
cada tres martinis
preparados en bares se
hacen con vodka.

Emerald Martini

6 partes de vodka   **1 espiral de piel de limón**
2 partes de Chartreuse   **1 espiral de piel de lima**

Combinar el vodka y el Chartreuse en un vaso mezclador con
hielo picado y remover bien. Colar en una copa de cóctel helada y adornar con las espirales de lima y limón.

Nick y Nora Charles,
la sofisticada pareja de detectives protagonista
de las novelas y películas de *El Hombre Delgado*,
eran bebedores recalcitrantes de martini.
Nick incluso utilizaba un cuentagotas
para medir el vermut.

Extra Dry Vodka Martini

4 partes de vodka
3-5 gotas de vermut

1 espiral de piel de limón
1/8 cucharadita de zumo de limón

Combinar los ingredientes en una coctelera con hielo picado y agitar. Colar en una copa helada y adornar con la espiral.

W. H. Auden solía tomarse unos cuantos martinis antes de iniciar su clase. En una ocasión, en 1947, tomó unos cuantos de más antes de pronunciar un discurso en Harvard. El tema previsto era Miguel de Cervantes, pero cuando Auden se puso en pie en el estrado, se disculpó por sus nuevas prótesis dentales y explicó a la multitud impaciente que él mismo jamás había sido capaz de leer el Quijote entero, y añadió que apostaba a que nadie en la audiencia lo había hecho.

Fare Thee Well Martini

6 partes de ginebra
1 parte de vermut seco
1 golpe de vermut dulce
1 golpe de Cointreau

Combinar todos los ingredientes en un vaso mezclador con hielo picado y remover. Colar en una copa de cóctel helada.

Farmer's Martini

6 partes de ginebra
1 parte de vermut seco
1 parte de vermut dulce
3-5 golpes de Angostura

Combinar todos los ingredientes en una coctelera con hielo picado y agitar bien. Colar en una copa de cóctel helada.

Franklin Delano Roosevelt era un auténtico bebedor de martinis. Solía llevar consigo su propio juego para preparar martinis allá donde fuese. Durante la Conferencia de Teherán, insistió en preparar a Stalin una de sus especialidades. Stalin dijo que lo había encontrado "frío para el estómago", pero le gustó. El martini de Franklin Delano Roosevelt fue lo más parecido al primer "Dry Martini."

FDR's Martini

2 partes de ginebra
1 parte de vermut
1 cucharadita de salmuera
1 espiral de piel de limón
1 aceituna de cóctel

Frotar el borde de una copa de cóctel helada con la espiral de limón y, luego, tirar la piel. Combinar la ginebra, el vermut y la salmuera en una coctelera con hielo picado y agitar bien. Colar en un vaso helado y adornar con la aceituna.

Fifty-Fifty Martini

4 partes de ginebra
4 partes de vermut seco
1 aceituna de cóctel

Combinar la ginebra y el vermut en un vaso mezclador con hielo picado y remover bien. Colar en una copa de cóctel helada y adornar con la aceituna.

El Martini alcanzó su máxima popularidad
en los años cincuenta.
En un bar de Manhattan se servía martini
"seco, extra seco o muy seco".
Cuanto más seco era el martini,
más caro era.

Fifty-Fifty Vodka Martini

4 partes de vodka
4 partes de vermut seco
1 aceituna de cóctel

Combinar el vodka y el vermut en un vaso mezclador con
hielo picado y remover bien. Colar en una copa de cóctel
helada y adornar con la aceituna.

"Tengo que deshacerme de esta ropa mojada y
hacerme con un martini seco."
Esta frase inmortal se ha atribuido a Robert Benchley,
a Billy Wilder y a Alexander Woollcott.
Nadie sabe con certeza quién la pronunció,
pues los tres eran conocidos por sus ocurrencias.
Yo apuesto por Woollcott, un crítico de teatro que
trabajó para el New York Times durante los años veinte
y treinta e hizo diversas apariciones en comedias
disparatadas. Se cree que dijo este chiste después de
rodar una escena en la que le empujaban a una piscina,
con la ropa puesta.

Fine and Dandy

4 partes de ginebra
2 partes de Triple Sec

2 partes de zumo de limón
1 golpe de bíter de naranja

Combinar todos los ingredientes en una coctelera con hielo
picado y agitar bien. Colar en una copa de cóctel helada.

El martini parece prestarse más a chistes e historias apócrifas que otros cócteles. Una de las más famosas es la siguiente: Un hombre llega a un restaurante unos minutos antes que su mujer para darle instrucciones al chef: "Sea cual sea la sopa que le pida, llene la sopera de martinis. Mi mujer se pone histérica si pido una copa." Sus instrucciones se siguieron al pie de la letra y, pasado un rato, el hombre vuelve a llamar al camarero: "Tráigame un poco más de sopa, por favor, y esta vez... que sea extra seca".

Fino Martini

6 partes de ginebra o vodka
1 cucharadita de jerez fino
1 espiral de piel de limón

Combinar la ginebra o vodka y el jerez en un vaso mezclador
con cubitos de hielo y remover bien. Colar en una copa de
cóctel helada y adornar con la espiral de limón.

Fretful Martini

6 partes de ginebra   **1 golpe de Angostura**
1 parte de curasao azul   **1 aceituna de cóctel**

Combinar la ginebra, el curasao y la angostura en una
coctelera con hielo picado y agitar bien. Colar en una copa
de cóctel helada y adornar con la aceituna.

Frozen Martini

5 partes de ginebra
1 parte de vermut seco
2 aceitunas de cóctel rellenas de almendra

Colocar la ginebra, el vermut, las aceitunas, las copas de cóctel y la coctelera en el congelador durante, al menos, tres
horas. Cuando todos los componentes estén helados por
igual, combinar la ginebra y el vermut en la coctelera helada
y agitar bien. Colocar las dos aceitunas en la copa de cóctel
helada y bañarlas con la mezcla de ginebra y vermut.

Fuzzy Martini

4 partes de vodka aromatizado a la vainilla
1 parte de vodka aromatizado al café
1 cucharadita de aguardiente de melocotón
1 rodaja de melocotón natural

Combinar los vodkas y el aguardiente en una copa de cóctel y
decorar con la rodaja de melocotón.

Se dice que al Gibson se rebautizó con ese nombre por las famosas Chicas Gibson, las encantadoras chicas pin up de Charles Dana Gibson de principios de siglo. Se cree que las dos cebollitas de cóctel representan los pechos.

Gibson

8 partes de ginebra o vodka
3-5 golpes de vermut seco
2 cebollitas de cóctel

Combinar los ingredientes en un vaso mezclador con hielo y remover. Colar en una copa helada y adornar con las dos cebollitas.

70

La última toma del día de una película en los estudios cinematográficos se denomina la "Toma Martini".

Gilroy Martini

6 partes de vodka
2 partes de vermut seco
2 gotas de zumo de ajo
1 aceituna rellena de ajo

Combinar el vodka buffalo grass, el vermut y el zumo de ajo en una coctelera con hielo picado y agitar bien. Colar en una copa de cóctel helada y adornar con la aceituna.

Gimlet

8 partes de ginebra o vodka
2 partes de zumo
**   de lima Rose**

Combinar los ingredientes en una coctelera con hielo picado y agitar bien. Colar en una copa helada.

Gin and It

8 partes de ginebra
2 partes de vermut dulce
1 espiral de piel de limón

Combinar la ginebra y el vermut en una coctelera con hielo picado y agitar bien. Colar en una copa de cóctel helada y adornar con la espiral de limón.

William Faulkner amaba la bebida fuerte que acabó por matarle. En los años previos a su total destrucción por el alcohol, era incapaz de escribir sin antes tomarse unos cuantos martinis. Escribió: "Cuando bebo el primer martini, me siento más grande, más sabio y más alto. Cuando bebo el segundo, me siento superlativo. Cuando me tomo alguno más, ya nada puede detenerme."

Gimlet

Golf Martini

El martini es un cóctel absolutamente moderno.
Aunque se inventara casi con toda seguridad en el
siglo XIX, no ganó popularidad hasta bien entrado
el siglo XX. Tras la Prohibición, el martini se hizo más
famoso. Tras la Segunda Guerra Mundial, se hizo más
seco y las bebidas más dulces perdieron todo su
atractivo. A mediados de los años cincuenta,
la verdadera marca de una persona sofisticada era un
martini seco de ginebra con hielo, con sólo unas gotas
de vermut. He aquí una variación del clásico.

Golf Martini

8 partes de ginebra
3-5 golpes de angostura

2 partes de vermut
1 aceituna de cóctel

Combinar la ginebra, la angostura y el vermut seco en un vaso mezclador con hielo picado y agitar bien. Colar en una copa de cóctel helada y adornar con la aceituna.

Great Caesar's Martini

6 partes de vodka
1 parte de vermut seco
1 aceituna rellena de anchoa

Combinar el vodka y el vermut en una coctelera con hielo picado y agitar bien. Colar en una copa de cóctel helada y adornar con la aceituna.

Green Martini

6 partes de ginebra
1 parte de chartreuse
1 aceituna rellena de almendra

Combinar la ginebra y el chartreuse en una coctelera con hielo picado y agitar bien. Colar en una copa de cóctel helada y adornar con la aceituna.

Gumdrop Martini

4 partes de ron al limón
1 parte de zumo de limón
1 parte de Southern Comfort
1/2 cucharadita de vermut

2 partes de vodka
1 rodaja de limón
golosinas
azúcar, al gusto

Escarchar una copa helada con azúcar. Combinar el ron aromatizado, el vodka, el vermut seco, el Comfort y el zumo en una coctelera con hielo y agitar. Colar en una copa helada y adornar con la rodaja de limón y las pastillas de goma.

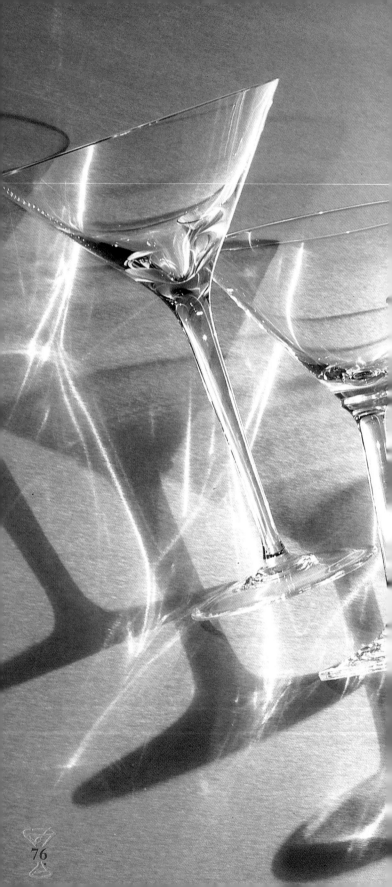

¿Cuánto vermut quiere?

La receta original
del martini seco
en realidad no era tan seca
como la de hoy en día.
La proporción era
de dos partes de ginebra
por una parte
de vermut francés o seco.

Gypsy Martini

8 partes de ginebra
2 partes de vermut dulce
1 guinda al marrasquino

Combinar la ginebra y el vermut en una coctelera con hielo picado y agitar bien. Colar en una copa de cóctel helada y adornar con la guinda.

Hasty Martini

6 partes de ginebra
1 parte de vermut seco
3-5 golpes de Pernod
1 cucharadita de granadina

Combinar todos los ingredientes en una coctelera con hielo picado y agitar bien. Colar en una copa de cóctel helada.

Hep Cat

6 partes de vodka de grano
1 parte de vermut seco
1 golpe de vermut dulce
1 golpe de Cointreau

Combinar todos los ingredientes en un vaso mezclador con hielo picado y remover. Colar en una copa de cóctel helada.

Hoffman House Martini

8 partes de ginebra   **1 parte de vermut seco**
3-5 golpes de bíter de naranja   **1 aceituna de cóctel**

Combinar la ginebra, el vermut seco y el bíter de naranja en un vaso mezclador con hielo picado y remover bien. Colar en una copa de cóctel helada y adornar con la aceituna.

El político William Randolph Hearst solía reunir a estrellas de Hollywood en su finca San Simeón, en Cambria, California. Pero "W. R." era un abstemio convencido. Al llegar sus invitados, se registraban sus equipajes para detectar si llevaban botellas y petacas. La ginebra se confiscaba y sólo se devolvía al invitado una vez abandonaba la propiedad. Afortunadamente para las estrellas de Hollywood, el personal de Hearst no era insobornable, y por una propina permitía que fluyera la ginebra en San Simeón; eso sí, en secreto.

Hollywood Martini

6 partes de ginebra
1 parte de Goldwasser
1 parte de vermut seco
1 aceituna rellena de queso azul

Combinar la ginebra, el Goldwasser y el vermut en una coctelera con hielo picado y agitar bien. Colar en una copa de cóctel helada y adornar con la aceituna.

Homestead Martini

6 partes de ginebra
2 partes de vermut dulce
1 espiral de piel de naranja

Combinar la ginebra y el vermut en un vaso mezclador con hielo y remover bien. Colar en una copa de cóctel helada y adornar con la espiral de naranja.

Homestead
Martini

Honeydew Martini

6 partes de vodka
1 parte de Midori

1 parte de Triple Sec
1 espiral de piel de limón

Combinar el vodka, el Midori y el Triple Sec en una coctelera
con hielo picado y agitar bien. Colar en una copa de cóctel
helada y adornar con el limón.

Hoosier Cocktail

4 partes de vodka buffalo grass
2 partes de ron blanco
1 parte de vermut seco

Combinar todos los ingredientes en un vaso mezclador y
remover bien. Colar en una copa de cóctel helada.

Hot & Dirty Martini

6 partes de vodka de pimienta
1 parte de vermut seco
1 cucharadita de salmuera
1 aceituna rellena de pimiento jalapeño en vinagre

Combinar el vodka, el vermut y la salmuera en una coctelera
con hielo picado y agitar bien. Colar en una copa de cóctel
helada y adornar con la aceituna.

Hotel Plaza Cocktail

2 partes de ginebra
2 partes de vermut seco

2 partes de vermut dulce
1 guinda al marrasquino

Combinar la ginebra y los vermuts en un vaso mezclador con
cubitos de hielo y remover bien. Colar en una copa de cóctel
helada y adornar con la guinda.

En la búsqueda por elaborar el martini más seco
y más frío, es inevitable tener que elegir
entre un martini solo o con hielo.
Lo ideal sería que todas las bebidas se conservaran en
el congelador para que no se necesitara hielo.
A algunos les resulta agradable el sonido de los
cubitos al chocar con el vaso.
Es usted quien debe decidir si prefiere diluir su martini
con los cubitos o si, como buen purista, el tomar un
martini con hielo le parece inconcebible.
Cualquiera de las dos variantes es aceptable.

Ideal Martini

6 partes de ginebra
1 cucharadita de zumo de limón
1/2 cucharadita de marrasquino

2 partes de vermut
1 espiral de limón

Combinar la ginebra, el vermut seco y el licor de marrasquino en una coctelera con hielo y agitar. Colar en una copa
helada y adornar con la espiral de piel de limón.

Imperial Martini

6 partes de ginebra
1/2 cucharadita de marrasquino

3-5 golpes de angostura
2 partes de vermut seco

Combinar la ginebra, el vermut seco, el licor y la angostura
en un vaso con hielo y remover. Colar en una copa helada.

El nombre del Martini "In and Out"
hace referencia al modo de preparar este cóctel

In and Out Martini

7 partes de vodka
vermut seco

2 aceitunas rellenas
1 espiral de piel de limón

Verter vermut en una copa de martini muy fría. Removerlo y
tirarlo. Verter luego vodka en la misma copa y adornar con
las aceitunas y la espiral de limón.

Irish Martini

6 partes de vodka buffalo grass
1 parte de vermut seco
whisky irlandés
1 espiral de piel de limón

Enjuagar una copa de cóctel helada con whisky irlandés.
Combinar vodka y vermut en una coctelera con hielo
picado y agitar bien. Colar en la copa de cóctel y adornar
con la espiral de limón.

Imperial Martini

Durante sus años en la Habana,
Ernest Hemingway compartió una comida
de muchos martinis con el famoso boxeador
Gene Tunney. A medida que los dos se iban
emborrachando, Hemingway se fue poniendo agresivo
e intentó provocar a Tunney para que luchase con él
(Hemingway se consideraba una autoridad en el boxeo).
Continuó pinchando a Tunney, y éste, con los buenos
modales que le caracterizaban, le pidió que parase.
Pero él no lo hizo. Al final, Tunney decidió darle un
"golpecito en el hígado",
para detenerlo de una vez. Hemingway se encorvó,
se puso gris y Tunney pensó que se marcharía.
Sin embargo, a partir de aquel momento
Hemingway se comportó como un caballero
durante el resto de la tarde.

Island Martini

6 partes de ron gold
1 parte de vermut seco
1 parte de vermut dulce
1 espiral de piel de limón

Combinar el ron y los vermuts en una coctelera con hielo
picado y agitar bien. Colar en una copa de cóctel helada y
adornar con la espiral de limón.

Jack London Martini

6 partes de vodka de grosella
2 partes de Dubonnet blanc
1 parte de licor de marrasquino
1 espiral de piel de limón

Combinar el vodka, el Dubonnet y el licor de marrasquino en
una coctelera con hielo picado y agitar bien. Colar en una
copa de cóctel helada y adornar con la espiral de limón.

Jamaican Martini

6 partes de ginebra
1 parte de vino tinto
1 cucharada de ron negro
3-5 golpes de bíter de naranja
guindillas

Combinar la ginebra, el vino tinto, el ron y el bíter de naranja en una coctelera con hielo picado y agitar bien. Colar en una copa de cóctel helada y adornar con las guindillas.

James Bond Martini

6 partes de ginebra
2 partes de vodka
1 parte de Lillet blanc
1 espiral de piel de limón

Combinar la ginebra, el
vodka y el Lillet blanc
en una coctelera con
hielo picado y agitar
bien. Colar en una copa
de cóctel helada y
adornar con la espiral
de limón.

Jamie's Martini

6 partes de vodka
1 parte de Triple Sec
2 partes de zumo de naranja natural
1/4 cucharadita de azúcar

Combinar todos los ingredientes en un vaso mezclador y remover bien. Colar en una copa de cóctel helada.

El periodista H. L. Mencken solía beber cerveza,
pero hacía una excepción cuando pasaba
una noche con Philip Goodman.
Cuando Mencken iba a Nueva York desde Baltimore,
él y Goodman iban a un bar clandestino
en Union City, Nueva Jersey,
donde cenaban salchichas alemanas,
asados de ternera, verduras agridulces,
puré de patatas y pastel de queso.
Lo bañaban todo con varias cervezas y cafés.
Luego regresaban a Manhattan, paraban en
un restaurante de la Calle Cuarenta y Cuatro Oeste
y tomaban más pastel de queso y strudel,
y más café y más cerveza.
Siempre acababan la noche bebiendo martinis dobles.
Goodman estaba convencido
de que la ginebra ayudaba a digerir:
creía que "oxidaba" la comida.

Journalist Martini

6 partes de ginebra
1 cucharadita de vermut seco
1 cucharadita de vermut dulce
1 cucharadita de Triple Sec
1 cucharadita de zumo de lima natural
1 golpe de angostura

Combinar todos los ingredientes en una coctelera con hielo picado y agitar bien. Colar en una copa de cóctel helada.

Una de las muchas leyendas que existen sobre
el martini atribuye su invención a un camarero del
Knickerbocker Hotel, de Manhattan,
que gozaba de gran popularidad a principios de siglo.

Knickerbocker

6 partes de ginebra
2 partes de vermut seco
1/2 cucharadita de vermut dulce
1 espiral de piel de limón

Combinar la ginebra y los vermuts en un vaso mezclador con
hielo picado y remover bien. Colar en una copa de cóctel
helada y adornar con la espiral de limón.

Kup's Indispensable Martini

6 partes de ginebra
1 1/2 parte de vermut seco
1 1/2 parte de vermut dulce
1 espiral de piel de naranja

Combinar la ginebra y los vermuts en una coctelera con hielo
picado y agitar bien. Colar en una copa de cóctel helada y
adornar con la naranja.

Kyoto

6 partes de ginebra   **1 parte de vermut seco**
2 partes de licor de melón   **1 bola de melón**
1/4 cucharadita de zumo de limón

Combinar la ginebra, el licor de melón, el vermut y el zumo
de limón en un vaso con hielo y remover bien. Colar en una
copa de cóctel helada y adornar con la bola de melón.

Leap Year Martini

6 partes de vodka aromatizado al limón
1 parte de vermut dulce
1 parte de Grand Marnier
1/2 cucharadita de zumo de limón natural

Combinar todos los ingredientes en una coctelera con hielo picado y agitar bien. Colar en una copa de cóctel helada.

Sylvia Plath, Anne Sexton y George Starbuck asistieron al curso de narrativa creativa impartido por Robert Lowell en el Boston Center para adultos. Después de cada clase, se amontonaban en el viejo Ford de Sexton, se dirigían hacia el Hotel Ritz y aparcaban infringiendo la ley en alguna zona de carga, a lo que Sexton aludía: "No pasa nada, nosotros sólo vamos a cargarnos." Entraban en el Ritz y se tomaban tres o cuatro martinis cada uno.

Lemon Drop Martini

6 partes de vodka al limón
1 parte de vermut seco

azúcar granulado
1 espiral de piel de limón

Escarchar una copa de cóctel helada con azúcar granulado. Combinar el vodka aromatizado al limón y el vermut en una coctelera con hielo picado y agitar bien. Colar en una copa de cóctel helada y adornar con la espiral de limón.

Otro chiste sobre el Martini: un invitado ligeramente alegre se acerca al anfitrión de una fiesta y pregunta: "¿Tienen patas los limones?" "¡Limones con patas! ¡Te has vuelto completamente loco!", dice el anfitrión. "¡Ay, amigo!", suspira el invitado, "entonces creo que he exprimido tu canario en mi martini."

Lemon Twist

6 partes de ron aromatizado al limón
1 parte de vermut seco
1 espiral de piel de limón

Combinar el ron y el vermut en una coctelera con hielo picado y agitar bien. Colar en una copa de cóctel helada y adornar con el limón.

London Martini

6 partes de ginebra
1/2 cucharadita de licor de marrasquino
3-5 golpes de bíter de naranja
1/2 cucharadita de azúcar
espiral de limón

Combinar la ginebra, el licor de marrasquino y el bíter en un vaso mezclador y remover. Verter la mezcla en una coctelera con hielo picado y agitar. Colar en una copa helada y adornar con el limón.

El martini de vodka de James Bond, "removido, pero no agitado", era un concepto innovador cuando Ian Fleming lo presentó como "Vesper" en Casino Royale. Un Martini nunca se agitaba y siempre debía estar hecho con ginebra. Pero, ¿quién se atrevía a discutir con James Bond? Su "Vesper" inició una revolución del martini. Hoy en día, para disgusto de los puristas, los martinis de vodka son más populares que el cóctel original de ginebra.

Low Tide Martini

6 partes de vodka
1 parte de vermut seco
1 cucharadita de zumo de almeja

1 aceituna rellena de almeja
1 espiral de piel de lima

Combinar los ingredientes líquidos en una coctelera con hielo picado y agitar bien. Colar en una copa de cóctel helada y adornar con la aceituna rellena de almeja ahumada y la lima.

Macaroon

6 partes de vodka
1 parte de licor de chocolate
1 parte de Amaretto
1 espiral de piel de naranja

Combinar el vodka, el licor de chocolate y el Amaretto en un vaso mezclador con hielo picado y remover bien. Colar en una copa de cóctel helada y adornar con la espiral de naranja.

Mama's Martini

6 partes de vodka de vainilla
1 parte de brandy de albaricoque
3-5 golpes de angostura
3-5 golpes de zumo de limón

Combinar todos los ingredientes en una coctelera con hielo picado y agitar bien. Colar en una copa de cóctel helada.

Manhasset

6 partes de whisky de centeno
1/2 parte de vermut seco
1/2 parte de vermut dulce
1 cucharada de zumo de limón natural
1 espiral de piel de limón

Combinar el whisky, los vermuts y el zumo de limón en una coctelera con hielo picado y agitar bien. Colar en una copa de cóctel helada y adornar con la espiral de limón.

Manhasset

El Manhattan se considera
el antónimo del Martini.
Mientras un martini se hace
con un aguardiente claro,
ginebra o vodka y vermut seco,
un Manhattan se prepara
con whisky color ámbar
y vermut dulce
(más los aguardientes)

Pero... ¿es la guinda
el opuesto a la aceituna?

Manhattan

6 partes de whisky de centeno
2 partes de vermut dulce

1 golpe de angostura
1 guinda al marrasquino

Combinar el whisky de centeno, el vermut y la angostura en un vaso mezclador con hielo y remover bien. Colar en una copa de cóctel helada y adornar con la guinda.

Marítime Martini

6 partes de ginebra
2 partes de vermut seco
1 aceituna rellena de anchoa

Combinar la ginebra y el vermut en una coctelera con hielo picado y agitar bien. Colar en una copa de cóctel helada y adornar con la aceituna.

Algunos dicen que el martini se inventó en Europa; otros, que en Nueva York. Yo diría que esta elegante bebida tiene su no tan elegante origen alrededor de 1860, en California, tras la Fiebre del Oro. Aparentemente, el martini lo inventó un hombre que debía saltar en el ferry de Martínez, California, a San Francisco y que, según se cuenta, necesitaba algún fortificante para cruzar la Bahía. Todo lo que tenía a mano era ginebra de matarratas. Para quitarle el ardor a la ginebra, la mezcló con una parte igual de vermut y la dulcificó con unas gotas de licor de marrasquino y orange bitter. Así nació el martini, o "Martínez Cocktail", un californiano de pura raza.

Martínez Cocktail

4 partes de ginebra
2 partes de vermut dulce
1 parte de marrasquino

1 cucharadita de jarabe
de azúcar (opcional)
1-3 golpes de angostura

Combinar todos los ingredientes en un vaso mezclador con hielo picado y remover bien. Colar en un vaso bajo helado.

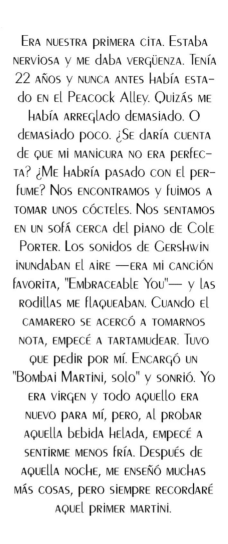

Era nuestra primera cita. Estaba nerviosa y me daba vergüenza. Tenía 22 años y nunca antes había estado en el Peacock Alley. Quizás me había arreglado demasiado. O demasiado poco. ¿Se daría cuenta de que mi manicura no era perfecta? ¿Me habría pasado con el perfume? Nos encontramos y fuimos a tomar unos cócteles. Nos sentamos en un sofá cerca del piano de Cole Porter. Los sonidos de Gershwin inundaban el aire —era mi canción favorita, "Embraceable You"— y las rodillas me flaqueaban. Cuando el camarero se acercó a tomarnos nota, empecé a tartamudear. Tuvo que pedir por mí. Encargó un "Bombai Martini, solo" y sonrió. Yo era virgen y todo aquello era nuevo para mí, pero, al probar aquella bebida helada, empecé a sentirme menos fría. Después de aquella noche, me enseñó muchas más cosas, pero siempre recordaré aquel primer martini.

Martini

6 partes de ginebra
1 parte de vermut seco
1 aceituna de cóctel

Combinar la ginebra y el vermut en un vaso mezclador con cubitos de hielo y remover bien. Colar en una copa de cóctel helada y adornar con la aceituna.

Martini Milano

4 partes de ginebra
1 parte de vermut seco
1 parte de vino blanco seco
1 cucharadita de Campari
1 espiral de piel de lima

Combinar la ginebra, el vermut, el vino
y el Campari en una coctelera con hielo
picado y agitar bien. Colar en una copa
de cóctel helada y adornar con la lima.

Martini Navratilova

6 partes de vodka
2 partes de vermut seco
3-5 golpes de bíter de naranja

Combinar todos los ingredientes en una
coctelera con hielo picado y agitar bien.
Colar en una copa de cóctel helada.

Martinis for Four

1 taza de ginebra
1 cucharada de vermut seco
4 aceitunas grandes rellenas

Llenar una taza con capacidad para cuatro
copas con 1/3 de hielo. Añadir los ingredientes y remover suavemente. Colarlo
en copas heladas y, sin demora, añadir la
aceituna rellena de pimiento y servir.

Martunía

6 partes de ginebra
1 parte de vermut seco

1 parte de vermut dulce
flores comestibles

Combinar la ginebra y los vermuts en una coctelera con hielo picado y agitar bien. Colar en una copa de cóctel helada y adornar con pétalos de las flores comestibles.

El bar del Hotel Ritz de París era y es uno
de los refugios favoritos de muchas figuras literarias.
Una vez, James Jones y William Styron pasaron allí una
noche emborrachándose y siguieron haciéndolo al día
siguiente. Acabaron en el Ritz, a mediodía, bebiendo
martinis solos. A eso de las tres de la tarde,
decidieron que ya era de noche.

Metropolitan

6 partes de vodka de grosella
1 parte de Lillet blanc
1/2 cucharadita de zumo de lima natural
1 espiral de piel de limón

Combinar el vodka, el
Lillet y el zumo de
lima en una coctelera
con hielo picado y
agitar bien. Colar en
una copa de cóctel
helada y adornar con
la espiral de limón.

Mocha Blanca Martini

6 partes de vodka aromatizado al café
2 partes de licor de chocolate blanco
1 viruta de chocolate blanco

Combinar el vodka y el licor de chocolate en un vaso mezclador y remover bien. Colar en una copa de cóctel y adornar con la viruta de chocolate.

Moll Flanders

4 partes de ginebra
2 partes de licor de endrina
2 partes de vermut seco
3-5 golpes de angostura

Combinar todos los ingredientes en un vaso mezclador con hielo picado y remover. Colar en una copa de cóctel helada.

El escritor John Lardner
postula que las bebidas de las gentes primitivas
se caracterizan por ser dulces y densas.
Por ello, el martini representa
la civilización más avanzada y sofisticada,
pues es claro, frío, ligero y seco.
Éste es el martini más sublime:
el "Naked Martini" o el zenit
de la gente civilizada.

Naked Martini

6 partes de ginebra
1 aceituna de cóctel

Enfriar la ginebra en el congelador durante, al menos, dos horas. Verterla en una copa helada y adornar con la aceituna.

Luis Buñuel, el gran cineasta, tenía su propia receta para un martini muy seco. "Los expertos a los que les gusta tomar el martini muy seco sugieren dejar atravesar la botella de Noilly Prat por un solo rayo de luz antes de que alcance la ginebra."

Negroni

4 partes de ginebra
2 partes de Campari
1 parte de vermut dulce
1 espiral de piel de naranja

Combinar la ginebra, el Campari y el vermut en una coctelera con hielo picado y agitar bien. Colar en una copa de cóctel helada y adornar con la espiral de naranja.

Newbury

6 partes de ginebra
2 partes de vermut dulce
1 parte de Triple Sec
1 espiral de piel de limón

Combinar la ginebra, el vermut y el Triple Sec en una coctelera con hielo picado y agitar bien. Colar en una copa de cóctel helada y adornar con la espiral de limón.

New Orleans Martini

6 partes de vodka de vainilla
1 parte de vermut seco
1 parte de Pernod
1 golpe de angostura
1 ramita de menta fresca

Combinar el vodka, el vermut, el Pernod y la angostura en una coctelera con hielo picado y agitar bien. Colar en una copa de cóctel helada y adornar con la ramita de menta.

Negroni

Nightmare

6 partes de ginebra
2 partes de vino de Madeira
2 partes de aguardiente de cereza
1 espiral de piel de naranja

Combinar la ginebra, el vino y el aguardiente en un vaso mezclador con hielo picado y remover bien. Colar en una copa de cóctel helada y adornar con la espiral de naranja.

Ninotchka

6 partes de vodka a la vainilla
2 partes de licor de chocolate
1 parte de zumo de limón natural

Combinar el vodka aromatizado, el licor de chocolate blanco y el zumo en una coctelera con hielo picado y agitar. Colar en una copa helada.

Northern Exposure Moose Martini

6 partes de vodka aromatizado a la grosella
1 cucharadita de licor Chambord
enebrinas bañadas en vermut

Combinar el vodka y el licor en una coctelera con hielo
picado y agitar bien. Colar en una copa de cóctel helada
y adornar con las enebrinas.

A principios de los años cuarenta,
se podía tomar un martini en la Pete's Tavern
de Nueva York por cincuenta centavos. Quizás éste sea
el motivo por el cual tantos escritores y artistas
hambrientos hicieron de aquella taberna su hogar fuera
del hogar. Los que obtuvieron más éxito fueron
los que bebieron en el Algonquín.

Nutty Martini

6 partes de vodka
1 parte de Frangelico
1 espiral de piel de limón

Combinar el vodka y el Frangelico en una coctelera con
hielo picado y agitar bien. Colar en una copa de cóctel
helada y adornar con la espiral de limón.

Oakland Cocktail

4 partes de vodka
2 partes de vermut seco
2 partes de zumo de naranja natural

Combinar todos los ingredientes en una coctelera con hielo
picado y agitar bien. Colar en una copa de cóctel helada.

Octopus's Garden

6 partes de ginebra
2 partes de vermut seco
pulpitos ahumados
1 aceituna negra

Combinar la ginebra y el vermut en una coctelera con hielo picado y agitar bien. Colar en una copa de cóctel helada y adornar con la aceituna y los pulpitos.

Mi abuela juraba que esta receta procedía
directamente de nuestros antepasados
y es mi deber continuar transmitiéndola.

Old Country Martini

6 partes de vodka
2 partes de vino de Madeira
2 partes de aguardiente de cereza
1 espiral de piel de naranja

Combinar el vodka, el vino y el aguardiente en un vaso mezclador con hielo picado y remover bien. Colar en una copa de cóctel helada y adornar con la espiral de naranja.

Los escritores de la famosa
Tabla Redonda de Algonquin
adoraban sus martinis.
Sin embargo, cuando se reunían en el Rose Room,
reinaba la ley de la Prohibición y
el Hotel Algonquin estaba legalmente seco.
Para solventar este problema,
después de cada comida, los moradores
de la Tabla Redonda visitaban a su amiga,
Neysa McMein, quien vivía en el Hotel y
tenía una destilería en el cuarto de baño.

Opal Martini

6 partes de ginebra
1 parte de Triple Sec
2 partes de zumo de naranja natural
1/4 cucharadita de azúcar

Combinar todos los
ingredientes en un vaso
mezclador con hielo
picado y agitar. Colar en
una copa helada.

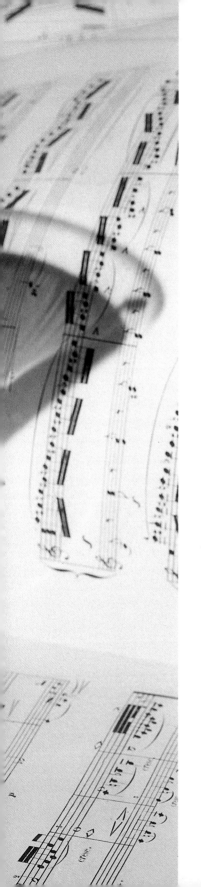

Cuando Oscar Wilde recorrió Estados Unidos dando conferencias en 1880, impresionó a los mineros de Colorado y Leadville por su habilidad para superarlos bebiendo. La bebida preferida por todos ellos era la ginebra con vermut seco.

Opera Martini

6 partes de ginebra
2 partes de
Dubonnet blanc
1 parte de licor
de marrasquino
1 espiral de piel de limón

Combinar los ingredientes con hielo picado y agitar. Colar en una copa helada y adornar con el limón.

Orange Martini

6 partes de vodka
1 parte de Triple Sec
1 golpe de bíter de naranja
1 espiral de piel de naranja

Combinar el vodka, el Triple Sec y el bíter de naranja en una coctelera con hielo picado y agitar bien. Colar en una copa de cóctel helada y adornar con la naranja.

Osaka Dry

6 partes de vodka
1 parte de sake
1 pasa

Combinar el vodka y el sake en una coctelera con hielo picado y agitar bien. Colar en una copa de cóctel helada y adornar con la pasa.

Oyster Martini

6 partes de vodka
1 parte de vermut seco
1 ostra ahumada

Combinar el vodka y el vermut en una coctelera con hielo picado y agitar bien. Colar en una copa de cóctel helada y adornar con la ostra ahumada pinchada en un palillo.

Paisley Martini

**6 partes de ginebra
1/2 cucharadita de vermut seco
1/2 cucharadita de Scotch
1 aceituna de cóctel**

Combinar la ginebra,
el vermut y el Scotch en una
coctelera con hielo picado
y agitar bien. Colar en una copa
de cóctel helada y adornar
con la aceituna.

Palm Beach
Martini

Pall Mall Martini

4 partes de ginebra
1 parte de vermut seco
1 parte de vermut dulce
**1 cucharadita de crema
de menta blanca**
1 golpe de bíter de naranja

Combinarlo todo en un vaso con hielo
y remover. Colar en una copa helada.

Palm Beach Martini

6 partes de ginebra
1 cucharadita de vermut dulce
4 partes de zumo de pomelo

Combinar todos los ingredientes en
una coctelera con hielo picado y agitar bien. Colar en una copa de cóctel
helada.

Parrothead Martini

PAT LA COTORRA
EXPLICA QUE TODOS
LOS FANS DE JIMMY
BUFFETT BRINDAN
CON EL PARROTHEAD
MARTINI.

6 partes de silver tequila
1 parte de Triple Sec
1 cucharadita de zumo de lima
1 espiral de piel de lima

Combinar el tequila, el Triple Sec y el
zumo de lima natural en una coctelera
con hielo picado y agitar bien. Colar
en una copa de cóctel helada y adornar con la lima.

Parisian Martini

6 partes de ginebra
2 partes de vermut seco
1 parte de crema de cassis

Combinar todos los ingredientes en una coctelera con hielo picado y agitar bien. Colar en una copa de cóctel helada.

"Nueva York es la mejor
ciudad del mundo para comer",
dijo William Emerson, Jr.
"Cuando el primer martini atraviesa el hígado
como una bala de plata,
un suspiro de satisfacción
puede oírse en Dubuque."

Park Avenue Martini

6 partes de ginebra
1 parte de vermut dulce
1 parte de zumo de piña

Combinar todos los ingredientes en una coctelera con hielo picado y agitar bien. Colar en una copa de cóctel helada.

Peach Blossom Martini

6 partes de vodka de melocotón
1 parte de Dubonnet rouge
1 parte de licor de marrasquino
1 rodaja de melocotón natural

Combinar el vodka, el Dubonnet y el licor de marrasquino en una coctelera con hielo picado y agitar bien. Colar en una copa de cóctel helada y adornar con la rodaja de melocotón.

Peppermint
Martini

Peachy Martini

6 partes de vodka a la fresa
2 partes de brandy de melocotón
1 espiral de piel de limón

Combinar el vodka aromatizado a la fresa y el brandy en una coctelera con hielo picado y agitar bien. Colar en una copa de cóctel helada y adornar con la espiral de limón.

Peggy's Martini

6 partes de ginebra
1 parte de vermut dulce
1/2 cucharadita de Dubonnet rouge
1/2 cucharadita de Pernod

Combinarlo en un vaso con hielo y remover. Colar en una copa de cóctel

Peppermint Martini

6 partes de vodka de pimienta
2 partes de crema de menta
1 ramita de menta fresca

Combinar el vodka y la crema de menta blanca en una coctelera con hielo picado y agitar bien. Colar en una copa de cóctel helada y adornar con la ramita de menta.

He aquí otro chiste clásico sobre cócteles.
Un cliente de un bar de las afueras de una ciudad
pide un Manhattan. Cuando se lo ponen delante, se da
cuenta de que hay una ramita de perejil flotando en la
copa. "¿Qué es ESA COSA que hay dentro de mi
Manhattan?", le pregunta al camarero.
El camarero, sin pestañear, responde:
"Eso, señor, es el Central Park."

Perfect Manhattan

6 partes de whisky de centeno
1 parte de vermut seco
1 parte de vermut dulce
1 guinda al marrasquino

Combinar el whisky y los vermuts en una coctelera con hielo picado y agitar bien. Colar en una copa de cóctel helada y adornar con la guinda.

¿Que cuál fue el primer martini?
La historia nos dice que, en 1608,
Henry Hudson sirvió ginebra
a los Indios Lenapos
en una isla sin nombre.
Al recuperarse de la borrachera,
los Lenapos bautizaron
la isla con el nombre de
"Manhachtanienk"
o "la isla donde nos intoxicamos."
Con el paso de los años, el nombre evolucionó
hasta convertirse en "Manhattan."

Perfect Martini

6 partes de ginebra
1 parte de vermut seco
1 parte de vermut dulce
1 aceituna de cóctel

Combinar la ginebra y los vermuts en una coctelera con hielo picado y agitar bien. Colar en una copa de cóctel helada y adornar con la aceituna.

Picadilly Martini

6 partes de ginebra
2 partes de vermut seco
1/2 cucharadita de Pernod
1 golpe de granadina

Combinar todos los ingredientes en un vaso mezclador con hielo y remover bien. Colar en una copa de cóctel helada.

Si pide un martini en Inglaterra,
probablemente le servirán un vaso de vermut dulce.
Así que, vaya sobre seguro y pida
la versión británica del martini,
el "Pink Gin".

Pink Gin Martini

8 partes de ginebra
1 cucharadita de angostura

Verter la angostura en una coctelera, removerla hasta que el interior de la copa esté completamente cubierto de licor y verter ginebra en la copa. Esta bebida debe servirse a temperatura ambiente.

Plaza Martini

2 partes de ginebra
2 partes de vermut seco
2 partes de vermut dulce

Combinar todos los ingredientes en una coctelera con hielo picado y agitar bien. Colar en una copa de cóctel helada.

Pompano Martini

5 partes de ginebra   **1 golpe de bíter de naranja**
1 parte de vermut seco   **2 partes de zumo de pomelo**

Combinar todos los ingredientes en una coctelera con hielo picado y agitar bien. Colar en una copa de cóctel helada.

Pretty Martini

4 partes de vodka   **1 parte de Amaretto**
1 parte de Grand Marnier   **1 parte de vermut seco**
1 espiral de piel de naranja

Combinar el vodka, el Grand Marnier, el Amaretto y el vermut en una coctelera con hielo picado y agitar bien. Colar en una copa de cóctel helada y adornar con la espiral de naranja.

Prince Edward Martini

6 partes de ginebra
1 parte de Drambuie
1 espiral de piel de limón

Combinar la ginebra y el Drambuie en una coctelera con hielo picado y agitar bien. Colar en una copa de cóctel helada y adornar con la espiral de limón.

Princess Elizabeth Martini

6 partes de vermut dulce
1 parte de vermut seco
2 cucharaditas de Benedictine

Combinar todos los ingredientes en una coctelera con hielo picado y agitar bien. Colar en una copa de cóctel helada.

Quarterdeck Martini

6 partes de vodka de grano
1 parte de licor de marrasquino
1 parte de zumo de pomelo
1 ramita de menta fresca

Combinar todos los ingredientes en un vaso mezclador con hielo picado y remover bien. Colar en una copa de cóctel helada y adornar con la ramita de menta.

Queen Elizabeth Martini

6 partes de ginebra
1 parte de vermut seco
2 cucharaditas de Benedictine

Combinar todos los ingredientes en una coctelera con hielo picado y agitar bien. Colar en una copa de cóctel helada.

Racquet Club

6 partes de ginebra
2 partes de vermut seco
3-5 golpes de bíter de naranja

Combinar todos los ingredientes en una coctelera con hielo picado y agitar bien. Colar en una copa de cóctel helada.

Red Dog Martini

6 partes de vodka
1 parte de oporto tinto
2 cucharaditas de zumo de lima natural
1 cucharadita de granadina
1 espiral de piel de lima

Combinar el vodka, el oporto, el zumo de lima y la granadina en una coctelera con hielo picado y agitar bien. Colar en una copa de cóctel helada y adornar con la espiral de lima.

Renaissance Martini

6 partes de ginebra
1 parte de jerez fino
nuez moscada rallada

Combinar la ginebra y el jerez en una coctelera con hielo
picado y agitar bien. Colar en una copa de cóctel helada y
adornar con la nuez moscada.

Rendezvous

6 partes de ginebra
2 partes de brandy de cereza
1 parte de Campari
cerezas, para adornar

Combinar la ginebra, el brandy y el Campari
en una coctelera con hielo picado y agitar
bien. Colar en una copa de cóctel helada y
adornar con las cerezas.

Si bien la mayoría está de acuerdo
en que el martini se inventó en la década
de 1860 en el norte de California, esta bebida
no alcanzó su reconocimiento en Estados Unidos
hasta después de la Prohibición.
Cuando su popularidad estaba en pleno ascenso
la ley de Volstead frenó su evolución.
Durante la Prohibición, la ginebra
era el aguardiente más fácil de contrabandear
y el matarratas se encontraba en todos los sitios.
No es una coincidencia que en esa época
fueran tan habituales las bebidas de mezclas dulces,
ya que los bebedores intentaban camuflar
el gusto áspero de los ingredientes caseros.
Cuando se levantó la Prohibición,
la gente tuvo por fin acceso a la ginebra importada,
de calidad, que no necesitaba ser diluida.
Por esta razón, el martini, una vez más, tomó el tren
hacia la inmortalidad.

Resolution Martini

6 partes de ginebra
2 partes de brandy de albaricoque
1 parte de zumo de limón natural

Combinar los ingredientes en una coctelera con hielo picado
y agitar bien. Colar en una copa de cóctel helada.

Road Runner Martini

6 partes de vodka de pimienta
1 parte de vermut seco

1 parte de gold tequila
1 aceituna rellena

Combinar el vodka, el vermut y el tequila en una coctelera
con hielo picado y agitar bien. Colar en una copa de cóctel
helada y adornar con la aceituna rellena de jalapeño.

Road Runner
Martini

Rum Martini

Rolls Royce

6 partes de ginebra
2 partes de vermut seco
2 partes de vermut dulce
1/4 cucharadita
de Benedictine

Combinar los ingredientes en una coctelera con hielo y agitar. Colar en una copa helada.

Rum Martini

6 partes de ron blanco
1 parte de vermut seco
1 golpe de bíter de naranja
1 aceituna rellena

Combinar los ingredientes en una coctelera con hielo y agitar. Colar en una copa de cóctel helada y adornar con la aceituna rellena de almendra.

Russian Martini

4 partes de vodka
4 partes de ginebra
1 parte de licor
de chocolate blanco

Combinar todos los ingredientes en una coctelera con hielo picado y agitar bien. Colar en una copa helada.

Russian Rose

**6 partes de vodka aromatizado
  con fresas**
1 parte de vermut seco
1 parte de granadina
1 golpe de bíter de naranja

Combinarlo todo en un vaso con hielo
y remover. Colar en una copa helada.

Saketini

6 partes de ginebra
1 parte de sake
**1 espiral de piel de limón
  bañada en jenjibre**

Combinar la ginebra y el sake en
una coctelera con hielo picado y agitar
bien. Colar en una copa de cóctel
helada y adornar con la espiral
de limón.

Secret Martini

6 partes de ginebra
2 partes de Lillet blanco
2 golpes de angostura
1 aceituna de cóctel

Combinar los ingredientes en un vaso
mezclador con hielo picado y remover
bien. Colar en una copa de cóctel helada y adornar con una aceituna.

Saketini

Seventh Heaven

6 partes de ginebra
1 parte de licor de marrasquino
1 parte de zumo de pomelo
1 ramita de menta fresca

Combinar la ginebra, el licor y el zumo en un vaso
mezclador con hielo picado y remover. Colar en una
copa de cóctel helada y adornar con la menta.

Sexy Devil

4 partes de vodka
2 partes de vodka de arándanos
1 parte de vermut seco
1 fresa
1 piel de limón

Combinar los vodkas y el vermut seco en una
coctelera con hielo picado y agitar bien. Colar en
una copa de cóctel helada y adornar con la piel
de limón y la fresa.

Shrimptini

6 partes de ginebra o vodka
2 partes de vermut seco
1 golpe de Tabasco®
1 gamba a la plancha

Combinar el vodka o la ginebra, el vermut y el tabasco en una coctelera con hielo picado y agitar bien. Colar en una copa de cóctel helada y adornar con la gamba.

Silver Streak

"Silver bullet"
(bala de plata) es uno de los nombres
con los que se conoce al martini. Limpia y elegante,
poderosa y fría, una bala de plata siempre da en el
blanco. "Silver Streak" (filón de plata)
es otra variación sobre este tema.

Silver Streak

6 partes de ginebra
3 partes de Jägermeister
1 espiral de limón

Combinar la ginebra y el Jägermeister en un vaso mezclador
con hielo picado y remover bien. Colar en una copa de cóctel
helada y adornar con la espiral de limón.

Sloe Gin Martini

6 partes de ginebra de endrinas
2 partes de vermut seco
3-5 golpes de angostura
1 espiral de piel de limón

Combinar la ginebra, el vermut y la angostura en una coctelera con hielo picado y agitar bien. Colar en una copa de cóctel helada y adornar con la espiral de limón.

Smoky Martini

6 partes de ginebra
1 parte de vermut seco
1 cucharadita de Scotch
1 espiral de piel de limón

Combinar la ginebra, el vermut y el Scotch en un vaso mezclador con hielo picado y remover bien. Colar en una copa de
cóctel helada y adornar con la espiral de limón.

Southern Martini

6 partes de ginebra
1 parte de Triple Sec
3-5 golpes de bíter de naranja
1 espiral de piel de limón

Combinar la ginebra, el Triple Sec y el bíter de naranja en un vaso mezclador con hielo picado y remover bien. Colar en una copa de cóctel helada y adornar con la espiral de limón.

LA RELACIÓN ENTRE UN RUSO
Y UNA botella de vodka
ES CASI MÍSTICA.

—Richard Owen

Soviet Martini

6 partes de vodka de grosella
1 parte de vermut seco
1 parte de jerez fino
1 espiral de piel de limón

Combinar el vodka, el vermut y el jerez en un vaso mezclador con hielo picado y remover bien. Colar en una copa de cóctel helada y adornar con la espiral de limón.

Spiced Treat Martini

6 partes de vodka de canela
1 parte de licor de chocolate
1 parte de licor de café
1 barquillo de cóctel de chocolate

Combinar el vodka y los licores en un vaso mezclador con hielo picado y remover bien. Colar en una copa de cóctel helada y adornar con el barquillo de chocolate.

148

Springtime Martini

6 partes de vodka buffalo grass
2 partes de Lillet blanc
1 manojo de espárragos pequeños
   en conserva

Combinar el vodka y el Lillet en una
coctelera con hielo picado y agitar
bien. Colar en una copa de cóctel helada y adornar con los espárragos.

Staten Island Cocktail

6 partes de vodka de café
1 parte de vermut seco
2 partes de zumo de lima natural
1 guinda al marrasquino

Combinar el vodka, el vermut y el zumo de lima en una coctelera con hielo picado y agitar bien. Colar en una copa de cóctel helada y adornar con la guinda.

Sweet and Spicy Martini

6 partes de vodka de canela
1 parte de vermut dulce
1 parte de licor de naranja
1 rama de canela

Combinar el vodka, el vermut y el licor de naranja en una coctelera con hielo picado y agitar bien. Colar en una copa de cóctel helada y adornar con la rama de canela.

En un número musical de la obra "Los caballeros las prefieren rubias", representada en Broadway en 1949, los trajes que obtuvieron un premio al diseño de Miles White, lucían un martini en cada pecho y una aceituna en cada pezón desempeñaban un doble papel como aceitunas.

152

Strawberry Blonde

6 partes de vodka de fresa
2 partes de Lillet blanc
1 fresa

Combinar el vodka y el Lillet en una coctelera con hielo picado y agitar bien. Colar en una copa de cóctel helada y adornar con la fresa.

St.Petersburg

6 partes de vodka
3-5 golpes de bíter de naranja
1 piel de naranja

Combinar el vodka y el bíter de naranja en una
coctelera con hielo picado y agitar bien. Colar
en una copa de cóctel helada y adornar con la
espiral de naranja.

Summer Breeze

6 partes de vodka cítrico
2 partes de licor de melón
1 parte de vermut seco
1/4 cucharadita de zumo
**   de limón natural**
1 bola de melón

Combinar los ingredientes líquidos
en un vaso con cubitos de hielo y
remover. Colar en una copa de cóctel helada y adornar con el melón.

Sweet Martini

6 partes de ginebra
2 partes de vermut dulce
1 golpe de bíter de naranja
1 espiral de piel de naranja

Combinar la ginebra, el vermut y el
bíter en un vaso mezclador con
hielo picado y remover bien. Colar
en una copa de cóctel helada y
adornar con la espiral de naranja.

Sweetie Martini

6 partes de ginebra
1 parte de vermut seco
1 parte de vermut dulce
1 espiral de piel de limón

Combinar la ginebra y los vermuts
en una coctelera con hielo picado y
agitar bien. Colar en una copa de
cóctel y adornar con la espiral de
limón.

Tango Martini

4 partes de ginebra
2 partes de vermut seco
2 partes de vermut dulce
1 parte de Triple Sec
1 espiral de piel de lima

Combinar todos los ingredientes
en una coctelera con hielo picado
y agitar bien. Colar en una copa de
cóctel helada y adornar con la espiral de lima.

"La comida acompañada de tres martinis es la máxima expresión de la eficacia americana. ¿Qué puede dejarte más seco que un martini sin vermut?"

—Gerald Ford

Tequini

6 partes de tequila silver
1 parte de vermut seco
1 golpe de bíter de naranja
1 espiral de piel de limón

Combinar el tequila, el vermut y el bíter en una coctelera con hielo picado y agitar bien. Colar en una copa de cóctel helada y adornar con la espiral de limón. Nota: Mejore su bebida frotando la espiral de limón por el borde de la copa.

En realidad, Raymond Chandler, el gran escritor americano de novela negra, no quería escribir el guión de la película "The Blue Dahlia", así que hizo un trato con su productor, John Houseman. Acordaron que únicamente escribiría el guión si en su contrato se especificaba que podía hacerlo borracho. En el contrato también debía constar lo siguiente: La Paramount Pictures debería proporcionar a Chandler limusinas, secretarias y enfermeras durante las 24 horas del día, debería poner un médico constantemente a su disposición para administrarle inyecciones de vitaminas, pues Chandler nunca comía cuando bebía, y debería establecer una línea telefónica directa de su casa al estudio. El estudio también debería hacerse cargo de llevar a la doncella de Chandler de compras. Houseman accedió a estas peticiones durante una comida, en la que el escritor se tomó tres martinis dobles y tres whiskys con crema de menta. Después de la comida, se dirigió directamente al trabajo y terminó el guión en unas dos semanas.

Third Degree Martini

6 partes de ginebra
2 partes de vermut seco
1 parte de Pernod
1 hoja de anís estrellado

Combinar la ginebra, el vermut y el Pernod en una coctelera
con hielo picado y agitar bien. Colar en una copa de cóctel
helada y adornar con la hoja de anís estrellado.

Three Stripes

4 partes de ginebra
2 partes de vermut seco
2 partes de zumo de naranja

Combinar todos los ingredientes en una coctelera con hielo picado y agitar bien. Colar en una copa de cóctel helada.

Tootsie Roll Martini

6 partes de vodka
1 parte de licor de chocolate
1 parte de Grand Marnier
1 espiral de piel de naranja

Combinar todos los ingredientes líquidos en una coctelera con hielo picado y agitar bien. Colar en una copa de cóctel helada y adornar con la espiral de naranja.

Tovarisch

6 partes de vodka
2 partes de kummel
2 partes de zumo de lima
1 aceituna negra

Combinar todos los ingredientes líquidos en una coctelera con hielo picado y agitar bien. Colar en una copa de cóctel helada y adornar con la aceituna negra.

Truffle Martíni

6 partes de vodka de fresa   **1 parte de licor de chocoloate**
1 parte de Grand Marnier   **1 espiral de naranja**

Combinar el vodka, el Grand Marnier y el licor de chocolate
en una coctelera con hielo picado y agitar. Colar en una copa
de cóctel helada y adornar con la espiral de piel de naranja.

Turf Martíni

4 partes de ginebra
2 partes de vermut seco
1 parte de Pernod
1 parte de zumo de limón natural
3-5 golpes de angostura
1 aceituna rellena de almendra

Combinar la ginebra, el vermut, el Pernod, el zumo de limón
y la angostura en una coctelera con hielo picado y agitar bien.
Colar en una copa de cóctel helada y adornar con la aceituna.

Tuxedo

4 partes de vodka
3 partes de vermut seco
1/2 cucharadita de licor de marrasquino
3-5 golpes de bíter de naranja
1 espiral de piel de limón

Combinar el vodka, el vermut, el licor de marrasquino y el
bíter en una coctelera con hielo picado y agitar bien. Colar en
una copa de cóctel helada y adornar con la espiral de limón.

Ulanda

4 partes de ginebra
2 partes de Triple Sec
1 cucharada de Pernod

Combinar todos los ingredientes en un vaso mezclador con
hielo picado y remover. Colar en una copa de cóctel helada.

Valencia
Martini

Valencia Martini

6 partes de ginebra
2 partes de jerez amontillado
1 aceituna

Combinar la ginebra y el jerez en un vaso mezclador con hielo picado y remover bien. Colar en una copa de cóctel helada y adornar con la aceituna.

Vanilla Twist

6 partes de vodka de vainilla
1 parte de Cointreau
1 parte de vermut seco
1 grano de vainilla

Combinar el vodka, el Cointreau y el vermut en una coctelera con hielo picado y agitar bien. Colar en una copa de cóctel helada y adornar con el grano de vainilla.

El James Bond que creó Ian Fleming
no sólo bebía martinis de vodka, también bebía
champán, jerez, whisky o lo que requiriese la ocasión.
En cambio, la versión cinematrográfica de James Bond
presentaba a un bebedor incondicional de martinis de vodka,
lo cual, se debía en gran medida, a que la casa Smirnoff
había adquirido los derechos publicitarios.
La popularidad de las películas ayudó a que
el martini de vodka se convirtiese en la bebida
más popular de los años sesenta. Hoy en día,
tres de cada cuatro martinis se preparan con vodka.

Vodka Martini

6 partes de vodka
2 partes de vermut seco (o al gusto)
1 aceituna

Combinar el vodka y el vermut en una coctelera con hielo picado y agitar bien. Colar en una copa de cóctel helada y adornar con la aceituna.

Vanilla Twist

Waikiki Martini

6 partes de vodka de piña
1 parte de vermut seco
1 parte de Lillet blanc
1 gajo de piña

Combinar el vodka, el vermut y el Lillet blanc en una
coctelera con hielo picado y agitar bien. Colar en una
copa de cóctel helada y adornar con el gajo de piña.

Warsaw Martini

4 partes de vodka de patata
1 parte de vermut seco
1 parte de brandy de mora
1 cucharada de zumo de limón natural

Combinar todos los ingredientes en una coctelera con hielo picado y agitar bien. Colar en una copa de cóctel helada.

Wembly Martini

6 partes de ginebra
1 parte de vermut seco
1 cucharadita de brandy de albaricoque
1 cucharadita de Calvados
1 espiral de piel de limón

Combinar la ginebra, el vermut, el brandy de albaricoque y el Calvados en una coctelera con hielo picado y agitar. Colar en una copa de cóctel helada y adornar con la espiral de limón.

What Is That Martini?

6 partes de vodka
1 parte de Sambuca
1 adornillo de regaliz
3 granos de café

Combinar el vodka y el Sambuca en un vaso mezclador con hielo picado y remover bien. Colar en una copa de cóctel helada y adornar con el regaliz y los granos de café.

Woo Woo Martini

6 partes de vodka de arándanos
1 parte de aguardiente de melocotón
1 espiral de piel de limón

Combinar el vodka y el aguardiente de melocotón en una coctelera con hielo picado y agitar bien. Colar en una copa de cóctel helada y adornar con la espiral de limón.

Xena Martini

5 partes de vodka aromatizado a la miel
1 parte de vodka de buffalo grass
1 cucharadita de Lillet blanc
1 punta de espárrago en conserva

Combinar los vodkas y el Lillet blanc en una coctelera con hielo picado y agitar bien. Colar en una copa de cóctel helada y adornar con el espárrago.

Zippy Martini

6 partes de vodka
1 parte de vermut seco
3-4 golpes de salsa de Tabasco®
1 rodaja de pimiento jalapeño en conserva

Combinar el vodka, el vermut y la salsa de Tabasco® en una coctelera con hielo picado y agitar bien. Colar en una copa de cóctel helada y adornar con el pimiento.

Índice de recetas

Mis propias recetas de martini

Mis propias recetas de martini

Mis propias recetas de martini